考古学とポピュラー・カルチャー

Archaeology in Popular Culture

櫻井準也

同成社

はじめに

　現代社会において考古学は何とも不思議な存在である。考古学自体は世間ではマイナーな学問であるにも関わらず、すべての学問分野の中で新聞紙面に登場する機会の多さでは第1の医学に次いで考古学（遺跡報道が主体ではあるが）が2番目といわれている。その背景に日本人の歴史好きや郷土史への関心の高さが存在するとされているが、全国各地で実施されている遺跡の見学会に行ってみるとわかるように、現在、遺跡や郷土史に興味を持つ世代は主に60代以上であり、この傾向がいつまで続くか疑問である。これに対し、現代の映画やテレビドラマ、さらにはアニメやテレビゲームといったフィクションの世界で考古学者は大活躍である。このようなポピュラー・カルチャー（大衆文化）に登場する考古学者が本書で扱う対象である。

　考古学者が具体的にどのような人間を指すかは後に述べるが、一般的にイメージされる大学教員（教授や准教授）だけでなく都道府県や市町村の埋蔵文化財担当者や発掘会社の調査員なども含めると、わが国には実に多くの考古学者がいることになる。近代考古学が成立した明治時代以降、わが国の考古学者イメージは時代によって変化してきたが、そのようなイメージが生成される背景に考古学という学問分野の一般社会への浸透、戦後の「文化財保護法」の成立、高度経済成長に伴う発掘調査の増加など、わが国の考古学を取り巻く環境の変化があった。しかし、それだけでなく、考古学者が登場する映画、テレビドラマ、アニメ、ゲームなどのポピュラー・カルチャー（大衆文化）の影響が大きいことも容易に想像できる。

　このような視点から考古学を捉えた海外の研究成果としては、1997年にイギリスのボーンマス大学で開催された理論考古学者会議（Theoretical Archaeologists Conference）で「世界が衝突するとき：考古学とサイエンス・フィクショ

ン When Worlds Collide：Archaeology and Science Fiction」と題するセッションが開かれたが、その中のテーマの一つが「大衆文化における考古学者像」についてであり、そのセッションの成果が出版されている（Russell ed. 2002）。その後、考古学とポピュラー・カルチャーの関係を論じたクリストファー・ホルトフ氏は、考古学者が古代のミステリーを解き、その秘密を明らかにする探偵として受けとられている一方で、ステレオタイプ化された考古学者を起用したトレジャーハンティング、奇妙な冒険や考古学的ロマンスは大衆文化に浸透しているとしている（Holtorf 2005）。ポピュラー・カルチャー（大衆文化）と考古学の関係については、近年になってわが国でも大津忠彦氏（大津 2009・2010）や下垣仁志氏（下垣 2010）らの論考が発表され、偶然であるがほぼ同時期に私も「考古学と大衆文化」というタイトルの研究発表を行った（櫻井 2010）。また、大英博物館のニコル・クーリッジ・ルーマニエール氏はわが国のコミックを引用しながら縄文時代の土偶と現代日本社会の関係を論じている（Nicole 2009、ニコル 2012）。

　さらに、考古学とポピュラー・カルチャー（大衆文化）の関係について知るためには、考古学者自身が考古学の道に進む契機について考えてみることも一つの方法である。現在のわが国の考古学研究者のうち、50代以上の研究者の多くは子どもの頃から家の近くの遺跡を訪ね歩き遺物を採集していた（当時彼らは「考古少年」などと呼ばれていた）。考古学の代名詞とも言える発掘調査について考えてみると、土地開発の機会の少なかった地方では現在のように大規模な発掘調査が恒常的に実施されることは稀であったが（これに対し、1970年代の首都圏では東京の多摩ニュータウンや横浜の港北ニュータウンなど大規模開発に伴う発掘調査が進行していた）、夏休みなどを利用して地元の考古学者（中学校や高校の教員が多かった）が中高生や地元出身の大学生を使って発掘調査を実施していた。私自身も高校1年生の夏休みに地元の発掘調査に参加したのが発掘初体験であったが、当時は地元で発掘調査に参加できる機会は少なく、普段はバイクや自転車で地元の遺跡を回って遺物を採集していた。このように現在の50代以上の考古学者の多くは中・高校生から（早い人では小学生か

ら）地元の遺跡で遺物を採集し、当時それほど多くなかった発掘調査に参加することが考古学を志す機会となっていたのである。

　それが現在では中・高生どころか、考古学を専攻する大学生すら発掘調査に参加することが難しくなっている。その背景に発掘調査における安全管理の問題や発掘調査に効率を求める風潮があるが、そうなると子どもや若者が考古学に接する機会として考えられるのが、テレビのニュースや娯楽番組で取り上げられる遺跡、映画・アニメ・テレビゲームなどにみられる遺跡やそこに登場する考古学者ということになる。また、かつては小説などの活字メディアの存在も大きく、明治時代末期から昭和前期にかけて江見水蔭に代表される流行作家が遺跡を扱った子どもや若者向けの読み物（『地底探検記』や『地中の秘密』など）を発表し、それに触発されて考古学の道に進んだ考古学者も多かったが、最近の子どもや若者は小説ではなく、コミックや映画・アニメなどの映像メディアの影響が大きく、実際に若手の考古学者の中には1980年代の映画の主人公である考古学者インディ・ジョーンズに憧れて考古学を志した人もいる（菊池 2007）。現在ならば若者に大人気のアニメ（コミック）である『ワンピース』に登場する女性考古学者ニコ・ロビンの存在が考古学を志す契機となるかも知れないのである。

　このように、過去・現在を問わず考古学者を目指す若者にとって小説やコミックなどの活字メディアや映画やテレビ番組（アニメを含む）などの映像メディアなどの各種メディアの影響は無視できないものがある。私は十年程前にこのことに興味を抱き、大学で5年間「考古学と大衆文化」という講義を行いながら、娯楽作品を中心に映像メディアに登場する考古学者について情報収集に務めてきた。本書ではそれらの作品に登場する考古学者たちを紹介し、その描かれ方を系統的に分析することによって考古学とポピュラー・カルチャー（大衆文化）の関係について考察を試み、その後、同様に現代社会と関わる考古学界の新たな潮流について紹介することとする。

目　次

はじめに　i

第1章　考古学者イメージの虚像と実像 ……………… 1
考古学者のイメージ　1／考古学者の実像　2／考古学者からみた考古学者像　4／サファリ・ルックと考古学者　6／考古学者の受難　7／考古学者と誤解される学者たち　9／若者の考古学者像　11／考古学者の類型化　17

第2章　戦前〜1970年代作品に登場する考古学者 ……… 21
考古学界の動向　21／考古学者が登場する映画・テレビドラマ・アニメ作品　22／ミイラと呪い　25／ヨーロッパ映画の考古学者像　28／日本の考古学者像　29／科学者と考古学者　32

第3章　1980年代・90年代作品に登場する考古学者 ……………… 35
考古学界の動向　35／考古学者が登場する映画・テレビドラマ・アニメ作品　36／学者イメージの考古学者像　40／インディ・ジョーンズの登場　42／女性考古学者の登場　46／発掘調査員の登場　48／ホラー映画とSF宇宙作品（スペースオペラ）　50／アニメ作品に登場する新たな考古学者像　52

第4章　2000年代の作品に登場する考古学者 ……………… 57
考古学界の動向　57／考古学者が登場する映画・テレビドラマ・

アニメ作品　58／学者イメージの考古学者像　61／考古学者イメージのインディ・ジョーンズ化　65／トレジャーハンター系・アクション系考古学者像　66／女性考古学者の定着　67／ホラー映画とSF映画　71／変身ヒーロードラマと戦隊ドラマ　73

第5章　考古学者像の変貌 ……………………………… 75
考古学者が登場する映画のジャンル　75／考古学者が登場するテレビドラマのジャンル　81／考古学者が登場するアニメのジャンル　84／考古学者像の変貌　86

第6章　映画・テレビドラマ・アニメ作品の中の遺跡 ……………………………… 89
映画作品の中の遺跡　89／遺跡の役どころ　90／発掘調査シーンの精度　92／新たな遺跡・遺物表現　93

第7章　考古学と現代社会 ……………………………… 97
考古学とポピュラー・カルチャー（大衆文化）　97／戦後の考古学ブームと旧石器時代遺跡捏造事件　101／考古学と現代社会　104／観光考古学の試み　107／観光利用から地域おこしへ　112／社会に開かれた考古学へ向けて　119

参考文献　127
考古学者が登場するポピュラー・カルチャーの作品リスト　131
おわりに　147

考古学とポピュラー・カルチャー

第1章　考古学者イメージの虚像と実像

考古学者のイメージ

　現代日本においては大学で考古学や歴史学を学んだ人を除くと、考古学がどのような学問であるか正しく答えられる人は少ない。漠然と大昔のことを調べる仕事であるとか、泥まみれになって発掘をやる仕事であるというイメージはあると思われるが、考古学者が実施する発掘調査と宝探し（トレジャー・ハンティング）の区別はついていないようである。考古学をめぐるこのような現状について、過去に書かれた小説から読み取れる考古学のイメージについて検討した大津忠彦氏は次のように述べている。

　　それでは、世間が「考古学」をどのように認知、あるいはどのような理解のもとに受け止めているか、となればしかしこれはまた別問題である。こんにちですら、「考古学」という言葉自体は知りつつも、それは「発掘」やある種の「探検」と殆ど同義語であって、恐竜化石の探査をもその内に含むと理解（誤解？）されているのが実情である。学界と、その学問についての世間の「理解」に乖離がみられるのは往々にしてあり得ることであり、世間一般ではその存在すら知られない場合も決して少なくはない（大津　2010：93頁）。

　大津氏の指摘通り、考古学のイメージとして古墳やピラミッドなどの「遺跡」や「発掘」だけでなく、「ミイラ」や「死者の呪い」さらには「探検」や「恐竜化石」といったイメージが定着しているが、考古学界の関係者はそのことには無頓着である。これに対し、考古学を実践している考古学者がどのような人間であるか実態に即して説明できる一般の人もほとんど皆無であろう。し

かし、今風に言うならば「考古学オタク」である考古学者自身、狭い業界の中で特殊な仕事をしているため、自分たちが「一般人」（世間）にどのように思われているかについて無関心である。考古学者の間では自分が専門とする時代や研究分野、さらには出身大学によって気質が異なるなどといったことは仲間内で話題になるものの、考古学の業界についてまったく知らない「一般人」に考古学者の生態について説明する機会はなく、その気もないというのが現状である。考古学者の生態を知るためには、古くは中東考古学者マックス・マローワンと再婚し、『ナイルに死す』『メソポタミアの殺人』『雲をつかむ死』『エジプト墓地の冒険（エジプト墳墓の謎）』など遺跡や考古学者が登場する作品を多く残したミステリー小説の女王、アガサ・クリスティーの中近東における発掘旅行記である『さあ、あなたの暮らしぶりを話して』（クリスティー 2004）が参考になるが、最近では秋田麻早子氏の『掘れ掘れ読本』（秋田 2007）で考古学者の生態を一部垣間見ることができる。同様に考古学者にとって日常的な職場である発掘現場についても、その内情を「一般人」が知ることは難しいが、これについては発掘作業員によるエッセイである『わく沸くどき土器』（伊籐 2004）や『東京発掘物語』（里山 2009）、コミックの『大変愛』（もりた 1999）や『遺跡の人』（わたべ 2008）などでわが国の発掘現場の様子やそこで働く人々の生態を知ることができる。

　このように「一般人」が抱く考古学者イメージは現実のものと大きく乖離していることが想像できるが、その実態を知るためには「一般人」に対してアンケート調査を実施したり、小説やエッセイ、映画やテレビドラマなどに描かれている考古学者像について分析することが早道である。

　考古学者の実像

　このように、一般の人々にとって考古学者は非常にわかりづらい存在である。考古学を研究する人を「考古学者」と定義することは簡単であるが、そうなると大学で教鞭をとる大学教員、大学付属の研究所や発掘調査機関に属して

いる研究者、国・都道府県・市町村（独立行政法人や財団法人も含む）の埋蔵文化財センター職員・埋蔵文化財行政担当者・博物館学芸員、民間発掘会社の調査員、公立や私立の小中高校で教鞭をとる教諭、民間企業に勤めながら研究を続けている研究者など考古学者には様々な肩書（職業）が含まれる。また、わが国の考古学は、これらに含まれない多くのアマチュア考古学者に支えられ発展してきた経緯がある。

　それでは、わが国では何人程度の考古学者が存在し、どのような職業の考古学者が多いのであろうか。わが国では日本考古学協会という組織（学会）があり、多くの考古学者が入会しているが、その会員数は2010年度で4千300人程度である。職業では行政の埋蔵文化財担当者や埋蔵文化財センター職員が圧倒的に多く（埋蔵文化財担当職員数は全国で6千人程度である）、博物館学芸員がそれに次いでおり、大学教員の割合はそれほど高くない。ちなみにわが国では年間8千件程度の発掘調査が実施されており（そのほとんどが工事に伴う事前調査である）、それに従事している調査員や調査補助員、さらには作業員まで含めると全国で膨大な数の人が発掘調査に従事している。

　これに対し、海外での考古学者の肩書（職業）はどうであろうか。松田陽・岡村勝行氏によると、欧州における考古学者の定義はほとんどの国で教育達成度（学歴）に基づいているが、教育システムの違いなどによって定義にはかなり幅があるという（松田・岡村勝 2012）。また、欧州全体の考古学者は12カ国で約1万7千名であるが、約6千900名の考古学者をかかえるイギリスでは大学・研究機関に勤める考古学者が12％、博物館に勤める考古学者が5％であるのに対し、遺跡の緊急調査などを行う考古遺産マネージメント関係の職に就いている考古学者が83％と圧倒的に多く、この傾向はギリシャやオランダでも同様であるという（岡村勝 2011、松田・岡村勝 2012）。

　このように、日本やヨーロッパなどの先進国における考古学者の実態は、一般にイメージされる大学教授や研究所の所員ではなく、行政担当者や開発に伴う遺跡の発掘調査を実施する考古学者がその主体を占めていることがわかる。

考古学者からみた考古学者像

　考古学者自身が語る考古学者像については、酒の席などでは話題になることはあっても、それが文章化されることは滅多にない。しかし、敢えてそれを実行したのが酒井龍一氏である。『考古学者の考古学』と題されたその小冊子は、考古学を一般に広める目的で書かれたもので、1990年に（財）大阪文化財センターから刊行されている（酒井 1990）。もう20年以上前の著作であるが、酒井氏はこの中で考古学者の活動（仕事）や生態について詳細に語っている。

　まず、酒井氏は考古学者を「遺跡から考古学的情報をとり出し、加工し、それを広く一般に提供する仕事人」（酒井 1990：14頁）と定義している。考古学者という人種については率直に「そもそも考古学者には変人が多いのです。世間一般で自らが通用しないことをよく知っていますし、世間の人々もそう思っています。だれもが普通の社会人になろうと一応は努力していますが、現実には真の社会人はいません。」（酒井 1990：11頁）と辛口である。また、考古学の世界では情報収集のための人間関係構築が特に重要であり、学会やシンポジウムの懇親会でアルコールがその仲介役を果たすが（実際、考古学者には酒飲みが多い）、これを「人間関係情報システム」と酒井氏は呼んでいる。

　次に、酒井氏は日本の考古学者のタイプを血液型になぞらえてＡ型・Ｂ型・Ｏ型に区分している。（酒井 1990：38～42頁）。それによると、Ａ型考古学者は発掘調査に従事し、遺跡発掘データを入手する考古学者（作業着派）、Ｂ型考古学者は研究室で得られた考古学データから過去を復元し、論文や著書を発表する考古学者（普段着派）、Ｏ型考古学者は饒舌で考古学の研究成果をわかりやすく一般に普及・啓蒙する考古学者（ネクタイ派）である。このように考古学者といっても様々なタイプがあるが、既に述べたように、わが国の場合は考古学者の多くが都道府県や市町村の埋蔵文化財担当の職員であるという特異な状況があり、彼らは日頃から遺跡の調査・保護・活用といった「仕事」に従事し、考古学と関わっている。これに対して、大学に所属している考古学者は

そのような埋蔵文化財行政の状況に直面せず学問として考古学に専念している。酒井氏は考古学を教える大学教員には次の五つの方向があるとしている（酒井 1990：4・5頁）。

　　方向A　考古学を数学や物理学のような厳密かつ客観的な「科学的分野」に構築する
　　方向B　文学や音楽や彫刻等と同じホットな「創作芸術」とする
　　方向C　新聞トップを飾る重大発見を夢みる「ジャーナル世界」に活路をみいだす
　　方向D　「真」に過去を復元することが可能なのかを考える「哲学者」の一員となる
　　方向E　考古学は「考古学」だといって突っ走るサラブレッドでいく

　この分類は20年後の現在においても当てはまるところがあり、自然科学など他の学問領域との連携が必要とされている昨今の状況の中で「方向A」を志向する考古学者が増えているが（しかしながら考古学は文系の学問であり考古学者が非科学的な発言を平気ですることがある）、逆に他分野のことは眼中になく「方向E」を突っ走る考古学者（徒党を組んで考古学の業界にしか通用しない議論を振りかざす習性がある）も相変わらず多い。その結果、以前に比べると「方向D」のような学問としての考古学を追及する考古学者が減っているように思える。その背景には考古学内の専門領域が細分化され過ぎているためグローバルな視点での研究ができないこと、あるいは地道な研究よりも重要な遺跡の発見が評価される「発見主義」の蔓延（「方向C」にあたる）があり、本来は研究・教育の両面で学界を牽引すべき大学の役割や位置づけが低下しているというのがわが国の考古学界の現状である。

　このようなわが国の考古学の現状とは無関係に、社会は考古学や考古学者を特異な眼差しで見つめている。それが反映されるのが映画やアニメなどの娯楽作品に登場する考古学者の描かれ方であるが、それらの作品に登場する考古学者には次のような特徴がみられる。

サファリ・ルックと考古学者

　古い映画に登場する考古学者は、室内でも発掘現場でも厚手のジャケットを着ている学者のイメージが強いが、その一方でサファリ・ヘルメットにサファリ・ジャケットと半ズボンというアフリカの探検隊のような服装（サファリ・ルック）はステレオタイプ化された考古学者ファッションである。戦前の映画ではカール・フロイント監督の『ミイラ再生』（1932年制作、アメリカ映画）の考古学者がサファリ・ルックで登場し、ハル・ローチ監督の『紀元前百万年』（1940年制作・1951年日本公開、アメリカ映画）の冒頭のシーンでも洞窟壁画を調査している考古学者はサファリ・ルックである。1970年代以降の作品では、セス・ホルト、マイケル・カレラス監督のホラー映画『王女テラの棺』（1971年制作、日本未公開、イギリス映画）があり、ジュリアン・フックス（アンドリュー・キア）とコーベック（ジェームズ・ビリアース）が考古学者として登場するが、彼らのファッションもサファリ・ルックである。また、1980年代の作品では、ウッディ・アレン監督の『カイロの紫のバラ』（1986年公開、アメリカ映画）に登場する1930年代のエジプト考古学者トム・バクスター（ジェフ・ダニエルズ）もサファリ・ヘルメット、サファリ・ジャケット、半ズボンというステレオタイプ化されたサファリ・ルックの考古学者イメージで登場する。このように、考古学者＝サファリ・ルックという図式は古くから定着していたことがわかるが、この傾向は国内作品でもみられる。例えば1960年代の映画作品である坪島孝監督の『クレージーメキシコ大作戦』（1968年公開、東宝）は当時人気絶頂であったクレイジー・キャッツのコメディ映画であり、メキシコ秘宝展から盗まれたオルメカの石像をめぐるドタバタ喜劇であるが、後半でマヤの階段ピラミッドの秘宝を発見する植木等などクレージー・キャッツの服装はサファリ・ルックである。また、この時期のテレビアニメ作品である『マッハGOGOGO』（1967・68年、フジテレビ放映）の「第27・28話　呪いのクレオパトラ」で登場するエジプト考古学者スタンダード博

士もサファリ・ルックであり、わが国でも少なくともこの時期には考古学者＝サファリ・ルックという図式が成立していたことがわかる。

　これに対し、新たな考古学者ファッションのイメージを作り上げたのが1981年に登場した、スティーブン・スピルバーグ監督のインディ（インディアナ）・ジョーンズシリーズ第1作の『レイダース　失われたアーク《聖櫃》』（1981年公開、アメリカ映画）である。インディ・ジョーンズ（ハリソン・フォード）はソフト帽（インディ・ジョーンズハット）にレザー・ジャケットという独特の出で立ちであり（そして鞭を使う）、考古学者＝厚手のジャケット、あるいはサファリ・ルックというイメージを変えた。その後、インディ・ジョーンズファッションは、映画作品やわが国のアニメ作品で2000年代になって頻繁に登場するようになる。しかし、インディ・ジョーンズ以降の作品でもサファリ・ルックの考古学者は相変わらず多くの作品に登場する。例えば、『未来少年コナンⅡ　タイガアドベンチャー』（1999・2000年放映、TBS）の主人公タイガの父親で考古学者のダイノ博士はサファリ・ジャケットのみであるが、その師匠であるモア教授はサファリ・ヘルメットにサファリ・ジャケットという典型的なサファリ・ルックであり、『ぱにぽにだっしゅ！』（2005年放映、テレビ東京）の主人公宮本レベッカの恩師であるMITの考古学教授もサファリ・ルックで登場するように、現在でも考古学者を象徴するファッションであるサファリ・ルックは健在である。

考古学者の受難

　映画・テレビドラマ・アニメなどに登場する考古学者はその物語の中で様々な受難に遭遇している。まず、アドベンチャー系の映画やアニメに登場する考古学者は、危険を顧みず古代の宝物を探求するイメージがあるせいか、敵に捕まることが多い。J・リー・トンプソン監督の『キングソロモンの秘宝』（1986年公開、アメリカ映画）の主人公のジェシー（シャロン・ストーン）の父親であるヒューストン教授（ベルナルド・アーチャード）や、リチャード・ドナー

監督の『タイムライン』(2004年公開、アメリカ映画)の主人公クリス・ジョンストン(ポール・ウォーカー)の父親であるジョンストン教授(ビリー・コノリー)がその典型である。また、考古学者ではなく中世史が専門であるがスティーブン・スピルバーグ監督の『インディ・ジョーンズ　最後の聖戦』(1989年公開、アメリカ映画)のインディの父親ヘンリー(ショーン・コネリー)も敵に捕まっている。これらの作品は学者である父親を救出するという設定であるが、その背景には若くもなく武闘系でもないにも関わらず、好奇心は旺盛で未知の遺跡や財宝を求めた結果、敵に捕まるという考古学者イメージがあると思われる。敵に捕まる考古学者はわが国のアニメ作品でもみられ、『ドラえもん　のび太と翼の勇者たち』(2001年公開、東宝)のミミズクの考古学者ホウ博士(声：永井一郎)も、やはり敵に捕まっている。

　また、考古学者は作品の冒頭でいきなり殺されることも多い。例えば、ジョン・グレン監督の『007　ユア・アイズ・オンリー』(1981年公開、イギリス・アメリカ映画)の海洋考古学者ハブロック(ジャック・ヘドレイ)は冒頭のシーンでいきなり殺されてしまう。これと同様の設定はわが国のアニメ作品に多くみられる。例えば、初期のアニメ作品である『マッハGOGOGO』(1967・68年、フジテレビ放映)の「第27・28話　呪いのクレオパトラ」に登場するエジプト考古学者スタンダード博士は、やはり冒頭のシーンで謎の暗号を残して殺されてしまう。この傾向が強いのがロボットアニメ作品である。『鋼鉄ジーグ』(1975・76年放映、日本教育テレビ)では主人公である司馬宙の父親で考古学者の司馬遷次郎(声：村瀬正彦)は第1話で邪魔大王国の女王ヒミカの手先に殺されてしまう。また、『伝説巨神イデオン』(1980・81年放送、テレビ東京)の冒頭シーンでは主人公のユウキ・コスモ(声：塩屋翼)の父親で考古学者のユウキ・ロウル(声：池田勝)はファースト・コンタクトで敵の攻撃を受けて死亡する。同様に『勇者ライディーン』(1975・76年放映、日本教育テレビ)では主人公ひびき洸(声：神谷明)の父親で考古学者のひびき一郎(声：村越伊知郎)は第1話で人類の宿敵妖魔軍団によって乗っていた船もろとも石にされてしまう。このようにロボットアニメでは、物語の導入部分で考古学者

を登場させることによりロボット発掘の経緯を説明し、その後の物語展開にリアリティーを与えているが、残念ながら考古学者はその後の展開には特に必要とされないキャラクターのようである。

そして、わが国のテレビドラマでも考古学者は殺されることが多い。例えば、『スケバン刑事Ⅱ　少女鉄仮面伝説』(1985・86年放映、フジテレビ)の主人公麻宮サキ(南野陽子)の父で考古学者の早乙女七郎(宮内洋)は鬼怒良古墳の秘宝の謎を解明したため家族の命が狙われ、家族を庇って殺害されている。また、『弁護士朝日岳之介シリーズ4　考古学教室の殺人』(1992年放映、日本テレビ)では東都大学文学部講師の堀内克己(阿部祐二)、内田康夫原作の『浅見光彦シリーズ　箸墓幻想』(2007年放映、フジテレビ)では畝傍考古学研究所所長の小池拓郎(梅野泰靖)が殺されているが、いずれの考古学者も作品のストーリーに深く関与している。これに対し、石ノ森章太郎原作の『仮面ライダークウガ　第1話　復活』(2000年放映、テレビ朝日)の夏目幸吉教授(久保酎吉)のように冒頭の発掘シーンでいきなり未確認生命体に殺され、その後の展開には関与しないという設定の作品もある。

考古学者と誤解される学者たち

考古学者が登場する映画やアニメ作品を検討してみると、考古学者と誤解されている他分野の学者が結構多いことがわかる。後述する大学生へのアンケートでも示されるように、考古学者と間違えられやすい学者としてあげられるのが古生物学者、人類学者、そして言語学者である。

このうち、古生物学者では当時一世を風靡した映画作品であるスティーブン・スピルバーグ監督の『ジュラシック・パーク』(1993年、アメリカ映画)に登場するグラント博士(サム・ニール)が考古学者と混同されることが多いようである。考古学も古生物学も発掘調査で地面を掘り返しているイメージがあるが、扱う時代や資料(古生物学者は恐竜やマンモスなどの生物化石、考古学者は過去の人類が残した遺跡や遺物を扱う)がまったく異なる。このような

混同は映画作品だけでなくアニメ作品でもみられる。例えば、『魔法のプリンセス　ミンキーモモ』の第1作（1982・83年放映、テレビ東京）の「第32作　大きすぎた訪問者」でミス湖（ネス湖）の恐竜が登場するが、なぜかミンキーモモ（声：小山芙美）は古生物学者ではなく考古学者に変身しており、明らかに考古学者と古生物学者が混同されている。

　次に、人類学者ではダニエル・ヴィンニュ監督でシガニー・ウィーバー主演のコメディ映画『シガニー・ウィーバーの大発掘』（1985年制作、日本未公開、フランス映画）でジュリアン（ジェラール・ドパルデュー）が考古学者とされているが、ジュリアンはどうみても化石人骨を扱う人類学者（自然人類学者あるいは形質人類学者）である。この作品は200万年前のホモハビリス（猿人）がアフリカではなくフランスで発見されること、猿人が黒人であるとされていること、化石人骨の頭骨が完形で出土していることなど、ありえない設定が多い。また、洞窟内で猿人の足跡が200万年間埋没しないで残っていることもありえないが、これについては1978年にタンザニアで発掘されたラエトリ遺跡の猿人の足跡（約350万年前）がヒントになったようである。さらに、凍っていたネアンデルタール人が蘇るという作品であるフレッド・スケピシ監督の『アイスマン』（1984年公開、アメリカ映画）で主人公のスタンリー・シェパード（ティモシー・ハットン）が人類考古学者として登場するが、これも考古学者ではなく人類学者である。人類学者は遺跡で古人骨を発掘したり考古学者と共同調査を行うことが多いため考古学者と誤解されやすい存在であることがわかる。

　さらに、言語学者も考古学者と混同されやすい存在である。その筆頭としてあげられるのがスティーブン・ソマーズ監督の「ハムナプトラ」シリーズのエヴリン（『ハムナプトラ　失われた砂漠の都』（1999年公開、アメリカ映画）および『ハムナプトラ2　黄金のピラミッド』（2001年公開、アメリカ映画）はレイチェル・ワイズ、『ハムナプトラ3　呪われた皇帝の秘宝』（2008年公開、アメリカ映画）はマリア・ベロが演じている）であろう。兄のジョナサン（ジョン・ハナ）は考古学者であるが、エヴリンは古代エジプト語が専門であ

る。また、ローランド・エメリッヒ監督の『スターゲイト』（1995年公開、アメリカ映画）のダニエル・ジャクソン博士（ジェームズ・スペイダー）は異端の考古学者として物語の中で古代文字を解読するという重要な役割を演じているが、これも考古学者というより古代言語学者である。中近東や中南米などを専門とする考古学者は現地語に通じ、ヒエログリフなどの古代文字が読めることが求められるため誤解されやすいが、考古学者は発掘調査など考古学的手法を駆使して研究を行う学者であり、言語学者は自ら発掘調査は行わない。

若者の考古学者像

それでは、わが国では考古学者はどのようなイメージで捉えられているのであろうか。ここでは2010年に慶應義塾大学文学部の講義（「考古学と大衆文化」）で230名の履修者に対して行ったアンケート結果（表1～3）をもとに現代の若者の考古学者像について分析を試みてみたい。

アンケートの内容は、①娯楽メディア（映画・テレビ番組・アニメなど）に登場した考古学者で記憶に残っているものは何ですか、②あなたの抱いている考古学者のイメージとはどのようなものですか、というものでともに自由記述で複数回答可とした。その結果、記憶に残っている考古学者はインディ・ジョーンズが70名、吉村作治氏が37名、エヴリン（『ハムナプトラ』）が28名、ニコ・ロビン（『ワンピース』）が24名、グラント博士（『ジュラシック・パーク』）が19名、草壁タツオ（『となりのトトロ』）が13名、ララ・クロフト（『トゥーム・レイダー』）が7名、平賀＝キートン・太一（『MASTERキートン』）が6名、ハワード・カーター、ザヒ博士、ベン・ゲイツ（『ナショナル・トレジャー』）が各4名などという結果であった（表1）。これをみると映画の主人公やアニメのキャラクターだけでなく、実際には考古学者ではない人物（グラント博士、ベン・ゲイツ、ブレナン博士、ラングドン教授、行田徳郎、佐々木先生、関英）、さらに実在の人物（吉村作治、ハワード・カーター、ザヒ博士、藤村新一、シュリーマン、エドワード・モース）まで様々な回答が

表1 記憶に残っている考古学者

人 名	人 数	人 名	人 数
インディ・ジョーンズ	70	行田徳郎(『クレヨンしんちゃん』)※	2
吉村作治	37	ジョナサン(『ジョジョの奇妙な冒険』)	2
エヴリン(『ハムナプトラ』)	28	エドワード・モース	1
ニコ・ロビン(『ワンピース』)	24	セバスチャン(『エイリアンVSプレデター』)	1
グラント博士(『ジュラシックパーク』)※	19	速田俊作(『あすか』)	1
草壁タツオ(『となりのトトロ』)	13	木之本藤隆(『カードキャプターさくら』)	1
ララ・クロフト(『トゥームレイダー』)	7	瀬田記康(『ラブひな』)	1
平賀＝キートン・太一(『MASTERキートン』)	6	ニコ・オルビア(『ワンピース』)	1
ハワード・カーター	4	クローバー博士(『ワンピース』)	1
ザヒ博士	4	入矢修造(『イリヤッド』)	1
ベン・ゲイツ(『ナショナルトレジャー』)※	4	佐々木先生(『キテレツ大百科』)※	1
藤村新一	3	大和博士(『時空探偵ゲンシクン』)	1
シュリーマン	2	関 英(『隠の王』)※	1
ブレナン博士(『ボーンズ』)※	2	人物以外の回答	7
ラングドン教授(『ダビンチコード』)※	2	なし・わからない・無回答	48
夏目教授(『仮面ライダークウガ』)	2		
ホウ博士(『ドラえもん』)	2	合 計	299

※考古学者ではない人物

あったが、現代の若者にとって彼らが生まれる前に公開された映画の主人公であるにもかかわらずインディ・ジョーンズを最も記憶に残る考古学者と回答している。そして、このインディ・ジョーンズへの回答の多さがメディア別集計で映画が過半数を占めている要因となっている（表2）。また、エジプト考古学者の吉村作治氏やザヒ博士と回答した学生も多くテレビ番組の影響も大きいことがわかる。なお、「なし・わからない・無回答」は48名、「人物以外の回答」は7名でその合計比率は全体の18.4％であるが、このことは学生5名中4名が具体的な考古学者名をあげていることを意味しており、他の分野の学者と比較して考古学者がいかに頻繁に映画・アニメ・テレビ番組などに登場しているかを示すものである。

表2　メディア別集計

映　　画	
131	53.7%
テレビドラマ	
5	2.0%
アニメ・漫画	
57	23.4%
実在の人物	
51	20.9%
合　　計	
244	100.0%

　次に、興味深いのは彼らの考古学者に対するイメージである（表3）。まず、全体的なイメージでは「研究者」「マニア・オタク」「変人」が各6名、「フィールドワーカー」が5名と多く、他には「好きなことに打ち込む」「家庭を顧みない」「肉体労働」などといった回答があり、フィールドワークを行うマニアックな研究者という全体的イメージであることがわかる。次に、年齢・性別では「中年以上（年配）の男性・おじさん」あるいは「男性」という回答のみであり、考古学者＝年配の男性というイメージであることがわかる。考古学者の能力・嗜好では、「頭がよい、知的、博識、インテリ」が17名と突出しており、「歴史に詳しい・歴史好き」「遺跡・遺物好き」が各5名、「本好き」「体力がある・頑強な身体」が各3名、その他に「化石好き」「語学堪能」「ヒエログリフが読める」「運動音痴」などがあげられており、ここでは学者として考古学者のイメージが読み取れる。考古学者の性格では、「研究熱心・研究に没頭」が16名、「行動的・活動的」が12名、「真面目」が10名、「物事に集中・熱中する」が7名、「勉強家・勤勉・努力家」が6名、「忍耐強い」が5名

表3　考古学者のイメージ

全体イメージ						
イメージ	人数	イメージ	人数	イメージ	人数
研究者	6	好きなことに打ち込む	1	いつも遺跡について考えている	1
マニア・オタク	6	好きなことに人生を捧げる	1	肉体労働	1
変人	6	研究のためなら手段を選ばない	1	金持ち	1
フィールドワーカー	5	生活費を削って発掘	1	家に本が多い	1
デスクワークとフィールドワーク	2	家庭を顧みない	1	かっこいい	1
化石研究	2	研究に時間がかかる	1	科学的分析	1
金がかかる	2	資料を大事にする	1	話の内容が深い	1

年齢・性別						
イメージ	人数	イメージ	人数	イメージ	人数
中年以上(年配)の男性・おじさん	8	男性	1		

能力・嗜好						
イメージ	人数	イメージ	人数	イメージ	人数
頭がよい、知的、博識、インテリ	17	体力がある・頑強な身体	3	論理的思考	1
歴史に詳しい・歴史好き	5	化石好き	2	運動神経がいい	1
遺跡・遺物好き	5	語学堪能	1	運動音痴	1
本好き	3	ヒエログリフが読める	1	連想ゲームが強そう	1

性　格						
イメージ	人数	イメージ	人数	イメージ	人数
研究熱心・研究に没頭	16	地道に研究・作業	5	お茶目・ユーモアがある	2
行動的・活動的	12	(知的) 好奇心	5	人付き合いが下手	2
真面目	10	細かい・几帳面	4	慎重	1
堅物・頑固・気難しい	8	内気・内省的・根暗	4	優しい	1
ロマンチスト・夢を追う	7	クール・物静か・寡黙	4	落ち着いている	1
物事に集中・熱中する	7	ストイック	3	地味	1
勉強家・勤勉・努力家	6	勇敢	2	野心家	1
探究心が強い	5	情熱的	2	無鉄砲	1
忍耐強い	5	陽気・社交的	2		

というように、学者としてのプラスイメージが多数を占めるが、逆に「堅物・頑固・気難しい」が8名、「内気・内省的・根暗」が4名、「ストイック」が3名といったマイナスイメージも存在している。また、「ロマンチスト・夢を追う」が7名、「探究心が強い」「(知的) 好奇心」が各5名、さらに「勇敢」が2名であるが、これらは他の学者とは若干異なる考古学者ならではイメージであると考えられる。

行　動

イメージ	人数	イメージ	人数	イメージ	人数
穴掘り・発掘・遺跡調査	47	フットワークが軽い	2	先住民に追いかけられる	1
冒険・探検	10	危険に晒される	2	戦うと強い	1
化石の発掘	8	宝探し	1	発掘の話を嬉しそうにする	1
どこにでも行く	7	骨を探している	1	語り出したら止まらない	1
地層・地質を調べる	4	中近東によく行く	1	講演する	1
エジプトで研究・発掘	3	森や洞窟をかけまわる	1		
石碑や本を読む	2	遺跡でトラップにかかる	1		

服装・外見

イメージ	人数	イメージ	人数	イメージ	人数
眼鏡	17	ジーンズ	2	ベスト	1
帽子	10	短パン・半ズボン	2	綿パン	1
茶系(ベージュ)の服装	9	カーキ色の服装	2	バックパックをしょっている	1
髭	9	サファリ・ルック	1	白衣	1
日焼け・色黒	7	ポケットの多い服	1	スーツを着ない	1
汗・埃・泥・砂・土まみれ	5	髪型に気を使わない	1	スーツは黒ではない	1
作業着	3	カウボーイハット	1		
繋ぎの服	2	ポロシャツ	1		

携帯品

イメージ	人数	イメージ	人数	イメージ	人数
虫眼鏡	4	松明（たいまつ）	1	縄	1
刷毛	3	ヘッドライト	1		
ピッケル・ハンマー	2	コンパス	1		

その他

イメージ	人数	イメージ	人数	イメージ	人数
ピラミッド	3	ミイラ	1	遺跡保存	1
骨	2	古墳	1	捏造	1
恐竜	2	お宝	1	なし・無回答	8
アンモナイト	2	ファラオの呪い	1		

　さらに、考古学者の行動については、「穴掘り・発掘・遺跡調査」が47名と突出しており、次いで「冒険・探検」が10名、「化石の発掘」が8名、「どこにでも行く」が7名、「地層・地質を調べる」が4名、「エジプトで研究・発掘」が3名などとなっており、考古学者は発掘調査や探検に行くアウトドア系の学者であるという認識であることがわかる。また、他には「危険に晒される」「森や洞窟をかけまわる」「遺跡でトラップにかかる」「先住民に追いかけられ

る」などの回答があるが、これは明らかに特定の作品のイメージ（「インディ・ジョーンズ」シリーズなど）が影響している。服装や外見では「眼鏡」が17名と最も多いが、これは眼鏡が学者のイメージで捉えられていると考えられる。次いで「帽子」が10名、「茶系（ベージュ）の服装」「髭」が各9名、「日焼け・色黒」が7名、「汗・埃・泥・砂・土まみれ」が5名、「作業服」が3名などとなっており、考古学者は野外で発掘調査を行う学者であると認識していることがわかる。ただし、携帯品の項目にみられる「虫眼鏡」や「刷毛」は考古学者が常に携帯している道具ではなく、映画やアニメ作品、あるいはテレビ番組などで作られたイメージであると考えられる。

　これらの現代の大学生の考古学者イメージをまとめると、考古学者は世界各地で探検や発掘調査（フィールドワーク）をするアウトドア系の学者で、茶系の服装（サファリ・ルックや作業服のイメージ）で髭面、帽子をかぶり眼鏡をかけた日焼けした年配の男性ということになる。また、内面的には真面目で頭がよく研究熱心である、あるいは行動的でロマンチストであるというプラスイメージがある一方でマニアック・変人・堅物といったマイナスイメージもあることがわかる。このように、現代の若者の考古学者イメージは概ね現実の考古学者の姿と重なるが、映画やアニメ作品に登場する考古学者の影響も大きいことがわかる。

　これに対し、海外の人々が抱く考古学や考古学者のイメージについては、ポコティロとグッピイが1996年にカナダ・バンクーバー大都市圏に住む有権者を対象に質問票調査を実施している。その結果、「『考古学』という言葉を聞いて何を思いますか」という質問に対する回答では宝探しや『インディ・ジョーンズ』といった回答は少数派（有効回答の2.6％）であったという（松田・岡村勝 2012）。そして回答者の多くが考古学が科学的な手法を用いて過去を探求する学問であると理解していた（有効回答の66.3％がほぼ正確、15.4％がだいたい当たっている回答）。この傾向は今回の日本の大学生に対するアンケート調査の結果と必ずしも相反するものではない。アンケートを実施した慶應義塾大学の文学部には考古学の専攻（民族学考古学専攻）が存在し、考古学の専攻生以

外でも専攻スタッフ（考古学者）の講義を受けている学生が多いこともあり、実際の考古学者と映画やアニメに登場する考古学者は別物であることを学生たちは十分理解しているためである。今回は「考古学と大衆文化」という講義の中で実施したアンケートであり、調査結果には映画やアニメに登場する考古学者と実際の考古学者のイメージが混在していることが想定できる。また、ポコティロとグッピイの調査では、考古学と古生物学を明確に区別出来ていなかったというが（有効回答の15.4％）、この点についても考古学者イメージで「化石研究」「化石好き」「化石の発掘」といった回答がみられるように考古学者と古生物学者を混同している学生がおり、同様の調査結果が得られている。

考古学者の類型化

近年、下垣仁志氏が小説・ドラマ・映画・コミック・アニメ・ゲームなどの作品に登場する考古学者について分析を加えた興味深い論考を発表している（下垣 2010）。「フィクションの考古学者」と題された論考の中で下垣氏は、「フィクションに表象される考古学者像の時代的推移と、日本社会の変化との関連性」（下垣 2010：333頁）を考察すべく分析を試み、四象限分類による考古学者の類型区分を実施している（図1）。

ここでⅠ型は脱俗（脱世俗）／物語参入型［タツオ型］、Ⅱ型は超俗（脱凡俗）／物語参入型［キートン型］、Ⅲ型は脱俗（脱世俗）／アイテム導入型［藤隆型］、Ⅳ型は超俗（脱凡俗）／アイテム導入型［ジョナサン型］である。このうちⅠ型は、物語に参入しつつも、積極的に世間とのかかわりをもたず、ひたすら学問の世界に生きる考古学者像であり、フィクションの考古学者として最も古い類型であるとしている。吉屋信子原作の『男の償い』（1937年公開、松竹）の伊狩滋（佐分利信）、松本清張原作の『内海の輪』（映画：1971年公開・松竹、テレビドラマ：1982年放映・TBS、2001年放映・日本テレビ）の江村宗三（それぞれ中尾彬、滝田栄、中村雅俊）、井上靖原作の『城砦』（1966年放映、フジテレビ）の高津恭一（高橋幸治）、NHK連続テレビ小説『あす

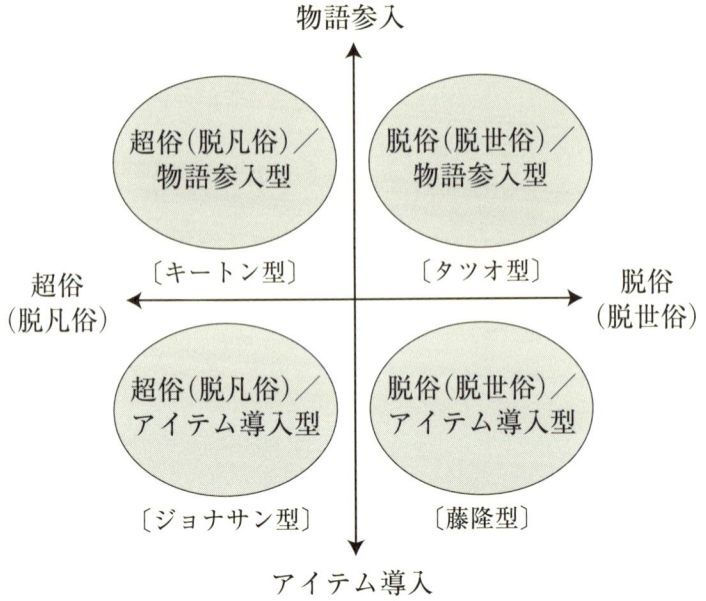

図1　フィクションの考古学者の4象限分類（下垣 2010）

か』（1999年放映、NHK）の速田俊作（藤木直人）、『鹿男あをによし』（2008年放映、フジテレビ）の小治田史明（児玉清）、アニメでは『となりのトトロ』（1988年公開、東宝）の草壁タツオ（声：糸井重里）を筆頭に『ドラえもん　のび太と翼の勇者たち』（2001年公開、東宝）のホウ博士（声：永井一郎）、『ラブひな』（2000年放映、テレビ東京）の浦島景太郎（声：上田祐司）などがあげられている。

　次に、Ⅱ型は物語に積極的に参入し、そのすぐれた肉体的・頭脳的能力を活かして大活躍し、物語を主体的に牽引してゆく考古学者像である。映画では「インディ・ジョーンズ」シリーズ（1981・84・89、2008年公開、アメリカ映画）のインディ・ジョーンズ（ハリソン・フォード）や「トゥームレイダー」シリーズ（2001・2003年公開、アメリカ映画）のララ・クロフト（アンジェリーナ・ジョリー）、コミックやアニメでは『MASTERキートン』（1998・99

年放映、日本テレビ）の平賀＝キートン・太一（声：井上倫宏）、『エクスプローラーウーマン・レイ』（1989年発売、東芝映像ソフト）の杵築麗奈（声：土井美加）、『スプリガン』（1998年公開、東宝）の御神苗優（声：森久保祥太郎）に代表される。また、特撮（変身）ものや戦隊もの、さらには『考古学者佐久間玲子』（2001～2003年放映、日本テレビ）に代表されるテレビドラマの考古探偵ものに多いタイプである。

これに対し、Ⅲ型は表だって活躍することはないが、なんらかのアイテムを発見することによって物語を駆動させる役割をはたす考古学者像である。『カードキャプターさくら』（1998～2000年放映、NHK）の木之本藤隆（声：田中秀幸）に代表されるようにコミックやアニメに多いタイプである。アニメ『悪魔島のプリンス　三つ目がとおる』（1985年放映、日本テレビ）の須武田博士（声：田中康郎）、アニメ『魔法のプリンセス　ミンキーモモ　第2作』（1991・92年放映、日本テレビ）の父親（声：江原正士）、ロボットアニメの『鋼鉄ジーグ』（1975・76年放映、日本教育テレビ）の司馬遷次郎（声：村瀬正彦）や『勇者ライディーン』（1975・76年放映、日本教育テレビ）のひびき一郎（声：村越伊知郎）などである。最後に、Ⅳ型は物語を推進させるアイテムをみずから発見し、能動的に物語に参入してゆく考古学者像である。映画では「ハムナプトラ」シリーズ（1999・2001・2008年公開、アメリカ映画）のエヴリン（レイチェル・ワイズ）、『エクソシスト・ビギニング』（2004年公開、アメリカ映画）のフランシス神父（ジェームズ・ダーシー）、『スターゲイト』（1995年公開、アメリカ映画）のダニエル・ジャクソン博士（ジェームズ・スペイダー）、アニメでは『ジョジョの奇妙な冒険』（2012・2013年放映、TOKYO MX）のジョナサン・ジョースター（声：興津和幸）が代表的である。

また、下垣氏はフィクション作品における考古学者像の変容についても検討している。それによると、考古学者は1960年代以降に増加しはじめ1980年代以降加速度的に増加しているが、その背景には1970年代前半のオカルトブームや超古代文明への関心、1980年代の「偽史的想像力」の前面化や考古学者という人物類型とフィクションの相性のよさ（下垣 2010：346頁）があるという。

作品に登場する考古学者のキャラクター（脱世俗か脱凡俗か）と作品への関わり方（物語参入型かアイテム導入型か）によって考古学者像を四つに区分するという興味深い分析を実施した下垣氏の試みは高く評価される。ここではわが国の「フィクションの考古学者」全体に対して考古学者と作品との関わり方を中心に考察されているが、映画・テレビドラマ・アニメといった映像メディア、あるいは制作される国や地域によって考古学者像が異なること、逆に一定の作品が他の映像メディア作品に影響を与えることも十分想定される。そのため、映像メディアごとに考古学者イメージとその変化を丹念に追ってゆくことも必要であろう。いずれにしろ、映画・アニメ・小説・コミックなどの大衆娯楽作品に登場する考古学者の役割について分析を加えた下垣氏の論考は、わが国における考古学とポピュラー・カルチャー（大衆文化）の関係を考える上で重要な研究成果である。

第2章　戦前～1970年代作品に登場する考古学者

考古学界の動向

　戦前から1970年代にかけては考古学（近代考古学）が考古学界だけでなく一般に浸透し、定着していった時代である。このうち大正末期から昭和初期にかけては、そのニュースが世界を駆け巡り注目を浴びた遺跡の発掘が相次いだ。その一つが1922（大正11）年に古代エジプト第18王朝のファラオであったツタンカーメンの墓が王家の谷で発見されたことである（発見直後からカーナボン卿などの発掘関係者が王の呪いによって次々に怪死を遂げたという噂が流れ、ミイラの呪いの話は、その後の映画やドラマの題材として頻繁に取り上げられている）。また、東アジアの中国でも1927（昭和2）年に北京原人の化石が発掘されたことで有名な周口店の発掘調査が始まっており、翌1928（昭和3）年には殷墟の発掘調査も始まっている。わが国では1919（大正8）年に『史蹟名勝天然記念物保存法』が公布され、遺跡や史跡に対する意識が高まったが、大正期から昭和初期にかけての考古学界は実証主義的考古学が確立しようとしていた時期にあたる。1917（大正6）年の大阪府国府遺跡や1918（大正7）年の宮城県里浜貝塚で地層を分層して発掘を行う層位発掘が組織的に実施され、1924（大正13）年には富山県朝日貝塚でわが国初めて竪穴住居跡が完全発掘されている。遺物研究においても、昭和初期になると、山内清男・甲野勇らによる縄文土器の型式編年、森本六爾・小林行雄らによる弥生土器の様式編年が試みられ、わが国先史時代の土器研究の基礎が築かれた。
　戦後になると、1946（昭和21）年に群馬県岩宿遺跡でわが国初めて先土器時代（旧石器時代）の遺物が確認され、1947（昭和22）年には水田跡を伴う弥生

時代集落である静岡県登呂遺跡が発掘された。また、この頃アメリカのリビー博士によって放射性炭素を使用した年代測定法（^{14}C 年代測定法）が開発され、従来の遺物年代（相対年代）に対し理化学的絶対年代が示されるようになった。その後、1950（昭和25）年には『文化財保護法』が公布され、1953（昭和28）年に「新しい科学運動」の実践として岡山県月の輪古墳が調査された。また、1959（昭和34）年には放射性炭素年代測定によって神奈川県夏島貝塚の縄文土器（夏島式土器）の年代が当時世界最古の9450±400年 B.P. と発表され話題となった。

　1960年代になると、わが国の考古学や埋蔵文化財をめぐる環境が大きく変化した。1962（昭和37）年には私鉄の車庫建設による平城京遺跡破壊の危機が報じられ保存運動が起き、長野県野尻湖遺跡群（旧石器時代）で地質学者と考古学者が共同して市民発掘が行われるなど、一般の人々の考古学への関心が高まっていった。その後、1965（昭和40）年には東京都で多摩ニュータウン遺跡調査会が発足し、ニュータウン建設にともなう広範囲にわたる大規模発掘が開始されたが、1970年代になると神奈川県横浜市の港北ニュータウンなどでも大規模開発に伴う発掘調査が実施され、遺跡調査が身近な関心事となった。また、1972（昭和47）年の奈良県高松塚古墳における彩色壁画の発見が契機となって、遺跡の記事が新聞の一面トップを飾るようになり、これ以降遺跡や埋蔵文化財がマスコミに大きく取り上げられるようになった。

考古学者が登場する映画・テレビドラマ・アニメ作品

　戦前から1970年代にかけての映画で考古学者が登場する作品はそれほど多くはない。その中でも実在の考古学者を主人公にしたデヴィッド・リーン監督の映画『アラビアのロレンス』（1963年公開、アメリカ映画）はよく知られた作品であるが、映画の中ではイギリスの情報将校であった主人公のトーマス・エドワード・ロレンス（ピーター・オトゥール）が考古学者として描かれている場面は存在しない。この時期の考古学者が描かれた海外映画の特徴としては、

第2章　戦前〜1970年代作品に登場する考古学者　23

まずジョセフ・ウィンプル卿（アーサー・バイロン）、ラルフ・ノートン（ブラムウェル・フレッチャー）、ピアソン教授（レオナード・ムーディ）、フランク・ウィンプル（デヴィッド・マナーズ）と多くの考古学者が登場するカール・フロイント監督のホラー映画『ミイラ再生』（1932年制作、アメリカ映画）やそのリメイク作品であるテレンス・フィッシャー監督の『ミイラの幽霊』（1959年公開、イギリス映画）、さらにはセス・ホルト、マイケル・カレラス監督の『王女テラの棺』（1971年制作、日本未公開、イギリス映画）のように、ミイラに関わる作品が目立つことがあげられる。なお、アメリカでは1940年代にユニバーサルによってミイラ4部作（『ミイラの復活』1940年、『ミイラの墓場』1942年、『執念のミイラ』1944年、『ミイラの呪い』1944年）が制作されているが日本未公開である。ミイラは登場しないがホラー映画に考古学者が登場する傾向は、リチャード・ドナー監督の『オーメン』（1976年公開、アメリカ映画）、ドン・テイラー監督の『オーメン2　ダミアン』（1979年公開、アメリカ映画）などに引き継がれている。また、ハル・ローチ監督の『紀元前百万年』（1951年公開、アメリカ映画）や1960年代末から1970年代初頭の「猿の惑星」シリーズ（1968・70・71年公開、アメリカ映画）のようにSF映画にも考古学者が登場している。さらに、1950年代のトニー・バートン（アントニー・ラ・ベンナ）が考古学者として登場するロベルト・ロッセリーニ監督の『イタリア旅行』（1954年制作、1988年公開、イタリア・フランス映画）やベルナール（ジャン・マルク・ボリー）が考古学者として登場するルイ・マル監督の『恋人たち』（1959年公開、フランス映画）のように

図2　コーネリアス（左、ロディ・マクドウォール）『猿の惑星』

ヨーロッパ映画の中に考古学者が登場する作品がみられることも、この時期の外国映画の特徴としてあげられる。

これに対し、わが国の映画作品では1937（昭和12）年の吉屋信子原作で野村浩将監督の『男の償い』（1937年公開、松竹）に、出世のために恋人を捨てる考古学者伊狩滋（佐分利信）が登場する。さらに戦後になると、川端康成原作で成瀬巳喜男監督の『舞姫』（1951年公開、東宝）に考古学者矢木元男（山村聰）が登場する。このように、戦後から1970年代初頭にかけて考古学者が登場するわが国の作品は文芸映画に限られている。これが1970年代になると文芸映画以外にも考古学者が登場するようになる。松本清張原作で斎藤耕一監督のサスペンス映画『内海の輪』（1971年公開、松竹）の考古学者江村宗三（中尾彬）、福田純監督の怪獣・特撮映画『ゴジラ対メカゴジラ』（1974年公開、東宝）の首里大学考古学研究室の金城冴子（田島令子）と城北大学教授の和田博士（小泉博）、山田洋次監督の『男はつらいよ　葛飾立志篇』（1975年公開、松竹）の田所教授（小林桂樹）と助手の筧礼子（樫山文枝）である。

次に、1953（昭和28）年にわが国で放送が開始されたテレビ番組（テレビドラマ）においても1960年代になると考古学者が登場するようになる。井上靖原作の『城砦』（1966年放映、フジテレビ）の大学講師高津恭一（高橋幸治）がこれにあたるが、この時期の考古学者は文芸ドラマだけでなく変身ヒーロードラマやホラードラマにも登場する。例えば、1960年代初頭では『ナショナルキッド』（1960・61年放映、日本教育テレビ）の主人公である旗竜作（小嶋一郎・巽秀太郎）は考古学者という設定であり、ホラードラマでは『恐怖のミイラ』（1961年放映、日本テレビ）に考古学者板野博士（佐々木孝丸）が登場している。1970年代になってもその傾向は変わらず、変身ヒーロードラマの『鉄人タイガーセブン』（1973・74年放映、フジテレビ）、戦隊ドラマの『秘密戦隊ゴレンジャー』（1975～77年放映、日本教育テレビ）などの「ヒーローもの」や川端康成原作の文芸ドラマ『まつりのあとに』（1978年放映、毎日放送）に考古学者が登場している。

これに対し、わが国の初期のアニメ作品では、1960年代の『宇宙少年ソラ

ン』(1965～67年放映、TBS)の古月博士(声：桑山正一)が考古学者であり、『マッハGOGOGO 第27・28話呪いのクレオパトラ』(1967年放映、フジテレビ)にもエジプト考古学者のスタンダード博士が登場するなど有名なアニメ作品に考古学者が登場している。また、手塚治虫作品では1950年代・1960年代の原作が1980年代になってテレビアニメ化された『1980年版 鉄腕アトム』(1980・81年放映、日本教育テレビ)の「人面岩」や「スフィンクスの怒り」、石ノ森章太郎作品では『氷河戦士ガイスラッガー 第6話 明日香の巨大な謎』(1977年放映、テレビ朝日)、『サイボーグ009 第5話 巨人よ眠れ伝説の中に』(1979年放映、テレビ朝日)、『サイボーグ009 完結編』(2002年放映、テレビ東京)など漫画界の巨匠作品の中にも考古学者は登場している。また、1970年代後半の永井豪原作のロボットアニメ『鋼鉄ジーグ』(1975・76年放映、日本教育テレビ)の司馬遷次郎(声：村瀬正彦)や『勇者ライディーン』(1975・76年放映、日本教育テレビ)のひびき一郎(声：村越伊知郎)など初期のロボットアニメに考古学者が登場する点も見逃せない。

ミイラと呪い

　戦前から1970年代の遺跡や考古学者に関連する娯楽映画にはミイラが登場することが多い。例えば、カール・フロイント監督の『ミイラ再生』(1932年制作、アメリカ映画)は、1922年のツタンカーメン王墓発掘に触発されて制作されたとされるホラー映画である。その題材となったのは、古代エジプト第3王朝のジェセル王に仕えた宰相イムホテプである。彼はトト神(書記と学芸の神)の神官であり、最初のピラミッドといわれるサッカラの階段ピラミッドを設計した建築家であり内科医でもあった。この作品は、セティ一世の愛人であるアナクスナムンと恋に落ち、生きながらミイラにされたイムホテプが現代に蘇ったという話である。ここでは考古学者として、ジョセフ・ウィンプル卿(アーサー・バイロン)、大英博物館学芸員のラルフ・ノートン(ブラムウェル・フレッチャー)、ピアソン教授(レオナード・ムーディ)、そしてフラン

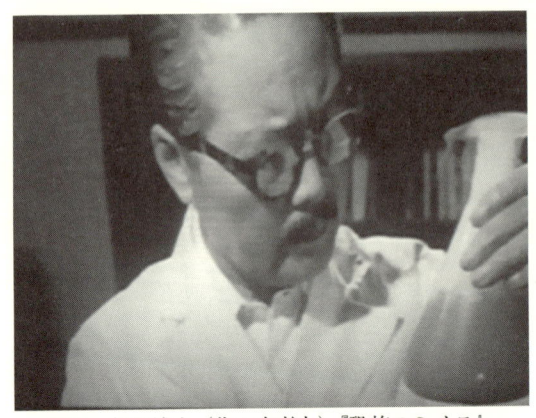

図3　板野博士（佐々木孝丸）『恐怖のミイラ』

ク・ウィンプル（デヴィッド・マナーズ）が登場する。なお、戦後公開されたテレンス・フィッシャー監督の『ミイラの幽霊』(1959年公開、イギリス映画)や世界的に大ヒットしたスティーブン・ソマーズ監督の『ハムナプトラ　失われた砂漠の都』(1999年公開、アメリカ映画)は本作品のリメイク作品である。

　同じくツタンカーメン王墓の発掘に触発されたと思われる作品で、王墓発掘当時も話題になっていた「ミイラの呪い」がテーマになっているテレビドラマとして、アガサ・クリスティー原作の『名探偵ポアロ　エジプト墳墓のなぞ』(1993年 NHK 放映、イギリス作品)がある。ここでは考古学者のウィラード卿（ピーター・リーブス）、大英博物館のポスエル博士（ジョン・ストリックランド）、メトロポリタン美術館のシュナイダー博士（オリバー・ピエール）が登場する。大英博物館、メトロポリタン美術館、イエール大学が共同で発掘を行っているが、発掘調査の主導権をめぐる駆け引きが興味深い作品である。なお、原作は1922年のツタンカーメン王墓発見の2年後に発表されている（原題は『エジプト墓地の冒険』である）。

　次に、1970年代のミイラが登場する作品としてイギリスのホラー映画でセス・ホルト、マイケル・カレラス監督の『王女テラの棺』(1971年制作、日本未公開、イギリス映画)があり、ジュリアン・フックス（アンドリュー・キア）、コーベック（ジェームズ・ビリアース）が考古学者として登場する。ここでテーマとなったのはエジプト女王の呪いであるが、ミイラ化したはずの王女が生身の人間の姿で生き返ったり、発掘されたミイラや棺がそのままイギリスに運ばれるなどありえない設定である。このように、ツタンカーメン王墓の

発見と呪いの噂が元となって考古学＝ミイラ＝呪いという図式が成立し、それを反映した多くの映画やテレビドラマが制作されており、当然のことながらその中に考古学者が登場することがわかる。

　これに対し、わが国のテレビドラマでもミイラが登場することは多い。古くは当時の視聴者を恐怖のどん底に叩き落としたホラー『恐怖のミイラ』（1961年放映、日本テレビ）がある。古代エジプトのミイラ研究の第一人者である板野博士（佐々木孝丸）が持ち帰ったミイラであるラムセス（バブ・ストリックランド）が蘇生するというストーリーであるが、自宅の実験室で白衣を着て自作の薬でミイラを蘇生させようとする板野博士は考古学者というより科学者のイメージである。また、蘇生したミイラに殺される博士は偏屈で人間嫌いな性格の学者として描かれている。このように、ミイラはテレビドラマ作品でも好んで使用される題材であり、それに伴って考古学者が登場する。近年では、深夜番組『ケータイ刑事銭形泪　怪奇！よみがえったツタンカーメンの御近所さん！〜ミイラ男の呪い殺人事件〜』（2004年放映、TBS）で全日本国際ミイラセンター所長の平田教授と谷山助手が登場する。「ミイラセンター」という組織や登場人物はいかにも怪しく、ミイラオタク・古美術商・考古学の教授や助手という取り合わせもありえないが、「考古学には金がかかる」という谷山助手の発言やミイラの鑑定書を依頼された際に「歴史を変えることはできない」と断った平田教授の発言は考古学や考古学者のイメージの一端が表現されている。

　これに対し、アニメではミイラや呪いが題材として取り上げられることは稀である。1929年にコミックの連載が開始され、その後アニメ化されたエルジェ原作の『タンタンの冒険』でエジプト考古学者フィルモン・サイクロン博士（声：茶風林）が登場する「ファラオの葉巻」（1998年放映、NHK、カナダ・フランス作品）やアガサ・クリスティー原作の『名探偵ポアロ　エジプト墳墓のなぞ』のアニメ版である『名探偵ポアロとマープル　vol.3エジプト墳墓の謎』（2004年放映、NHK）があるが、子どもが見るアニメではミイラや呪いを題材にすることは難しいと思われる。

ヨーロッパ映画の考古学者像

　1950年代において考古学者が登場する数少ない外国映画の中で、ヨーロッパ映画の存在が際立っている。ロベルト・ロッセリーニ監督の『イタリア旅行』（1954年制作、1988年公開、イタリア・フランス映画）、ルイ・マル監督の『恋人たち』（1959年公開、フランス映画）である。このうち、『イタリア旅行』では、主人公のイギリス人アレクサンダー（ジョージ・サンダース）の叔父の友人のトニー・バートン（アントニー・ラ・ベンナ）が考古学者である。大学で考古学を専攻し専門はポンペイ研究で、アレクサンダーの妻キャサリン（イングリッド・バーグマン）に博物館の見学を強く薦め、アレクサンダーとキャサリンをポンペイの遺跡発掘現場も案内しているが、物語の中では変わり者に描かれている。これに対し、『恋人たち』に登場する考古学者のベルナール（ジャン・マルク・ボリー）は、年齢は若いが背が低く、風貌も二枚目とは言い難い。また、乗っている車も大衆車（後部座席に測量機材など発掘用具らしきものが搭載されている）で主人公のジャンヌ（ジャンヌ・モロー）の友人には「嫌いなタイプ」と言われ食事中も相手にされないなど、ポロなどに興じる上流階級の主人公たちとは対極的な存在として考古学者が描かれている。しかし、ジャンヌはそんなベルナールに惹かれ、その夜2人は燃えるような一夜を過ごすのである。

　このように、考古学者が登場する数少ない1950年代の外国映画の中でヨーロッパ映画に考古学者が登場する点は注目される。また、登場する考古学者の役割も

図4　ベルナール（ジャン・マルク・ボリー）『恋人たち』

重要であり、『イタリア旅行』のトニー・バートンは、映画の中では脇役であるものの離婚寸前の夫婦が和解する契機となるポンペイの遺跡へ導く役割を果たしている。また、『恋人たち』の考古学者のベルナールの場合は、ジャンヌの友人には相手にされないが貧しくとも純粋に考古学に没頭するベルナールにジャンヌは惹かれ、最後は夫との離婚を決意する。いずれしろ、これらの作品に描かれている考古学者は、知的で凛々しい学者というよりも遺跡の発掘や考古学という風変わりな学問に没頭する「変わり者」として描かれている点は共通している。

日本の考古学者像

戦前から1970年代にかけての外国映画に登場する考古学者は、基本的に脇役であり地味な学者イメージで描かれることが多いが、1960年代から1970年代のわが国の映画やテレビドラマに描かれている考古学者は主人公として登場することが多く、その描写も細部に及んでいる。例えば、井上靖原作のテレビドラマ『城砦』（1966年放映、フジテレビ）では東京の大学講師の高津恭一を高橋幸治が演じている。高津は考古学すなわち「金には全く無縁な職業」に就き、メソポタミアの「原史農村遺跡」の解明に夢を馳せる好人物であるが、「神経質で気難しく、好き嫌いがはげしく、交際べた」な人物でもある。また、松本清張原作の映画『内海の輪』（1971年公開、松竹）では主人公である江村宗三（中尾彬）が考古学者であり、大学での自らの地位を守るために不倫相手を殺害する人物として描かれている。なお、『内海の輪』はテレビドラマとしても制作されており、1982年放映のTBS作品では滝田栄、2001年放映の日本テレビ作品では中村雅俊が江村宗三を演じている。このうち、2001年の作品は原作に近く、助教授である江村宗三が殺害現場で落とした眼鏡を探している時に発見したガラス製の釧を、考古学会で発表したことが逮捕に繋がるという部分は学問的名声に固執する「学者の性」が描かれている。

これに対し、学者としては有能であるが考古学に没頭する「変わり者」とい

うイメージで描かれたのが映画『男はつらいよ　葛飾立志篇』(1975年公開、松竹)で主人公の車寅次郎(渥美清)が惚れるヒロイン筧礼子(樫山文枝)の師匠の田所教授(小林桂樹)である。田所教授は帽子に鬚面、首にタオル・背中にリュックサック(丸めた発掘現場の図面が顔を出している)という出で立ちで登場し、寅次郎から「シベリアからの引き上げ者か」と揶揄されている。また、田所教授は中年の独身で極度のヘビースモーカーである。自宅の部屋は薄暗く、大量の書籍やファイル、カメラ、縄文土器や埴輪などが雑然と置かれているあたりは当時の考古学者の自宅や研究室を彷彿とさせる。なお、この作品では神奈川県横浜市港北ニュータウン遺跡群の発掘現場が登場するが、わが国ではロケ地に実際の遺跡や発掘現場が使用されることが結構多い。

　これに対し、わが国で独自に発達したアニメ作品の中にも考古学者が登場する。このうち、初期のテレビアニメでは、『宇宙少年ソラン』(1965〜67年放映、TBS)の古月博士(声：桑山正一)や『マッハGOGOGO』(1967年放映、フジテレビ)の「第27・28話　呪いのクレオパトラ」に登場するスタンダード博士とカスタム助手が考古学者である。また、手塚治虫の『鉄腕アトム』は1963(昭和38)年にテレビアニメとして放映されたが、『1980年版　鉄腕アトム』(1980・81年放映、日本教育テレビ)では1950年代・1960年代の原作がテレビアニメ化され、遺跡や考古学者が登場する。このうち「人面岩」(1981年放映、日本教育テレビ)では、古代ゲルマンの遺跡を研究するアッチ博士

図5　江村宗三(中尾 彬)『内海の輪』　　図6　田所教授(小林佳樹)『男はつらいよ　葛飾立志篇』

図7 スタンダード博士『マッハGOGO-GO』　　図8 須武田博士『三つ目がとおる』

（声：北村弘一）が「変人の学者」として描かれているが、考古学者というよりバイキングの財宝を狙うトレジャーハンターである。「スフィンクスの怒り」（1981年放映、日本教育テレビ、原作は『冷凍人間』）ではマヤのピラミッドになぜかエジプトのスフィンクスのロボットが登場するが、この点について手塚は原作の解説の中で当時はマヤのピラミッドがあまり知られてなかったため、両者を混同して描いたという誤解を受けたと述べている。この作品では「先生」と呼ばれているスーツ姿で眼鏡をかけた小太りの人物が考古学者であり、最初は悪役の一味に加わっていたが最後に学者としての良心に目覚め殺されてしまう。他の手塚作品では原作が1974〜78年の『悪魔島のプリンス　三つ目がとおる』の24時間テレビ版（1985年放映、日本テレビ）に人文大学の須武田博士（声：田中康郎）、テレビアニメ（1990・91年放映、テレビ東京）には考古学者であり写楽保介（声：藤田淑子）の親代わりでもある秀真大学の犬持教授（声：嶋俊介）が登場するが（原作では医師である）、両者とも古代文明の専門家であり「三つ目族」の研究をしているという設定になっている。このうち、須武田博士は「スフィンクスの怒り」の「先生」と同じく、小太りで眼鏡をかけたスーツ姿のいかにも学者らしいイメージで描かれている。このように、手塚アニメに登場する考古学者は、主人公ではないものの大学に勤務する実際の考古学者に近いイメージで描かれている。

図9　司馬遷次郎『鋼鉄ジーグ』

科学者と考古学者

　これに対し、わが国の初期のテレビドラマやアニメには科学者（理系）でありながら考古学者（文系）でもあるという設定が結構存在する。現在では遺物の年代測定や産地同定、さらには古環境の復原などのために考古学者が科学者に様々な分析を依頼する機会が増えており、そのため考古学者にも最低限の理系の知識が要求されるようになってきたが、当時としてはこの設定にかなり無理がある。

　例えば、『ナショナル・キッド』（1960・61年放映、日本教育テレビ）では、主人公の旗竜作（小嶋一郎・巽秀太郎）は天文学者・原子科学者・考古学者という通常ありえない設定の学者である。また、アニメでも同様の事例がある。永井豪原作のロボットアニメ『鋼鉄ジーグ』（1975・76年放映、日本教育テレビ）では主人公司馬宙（声：古谷徹）の父親である司馬遷次郎（声：村瀬正彦）は科学者であり考古学者でもあるが、スーツ姿の遷次郎は考古学者というよりも科学者のイメージで描かれている。遷次郎は古代日本を支配した邪悪な国家「邪魔大王国」と「女王ヒミカ」の復活を察知し、王国の放った「ハニワ幻人」の襲撃を受け死亡するが、彼は死の間際、コンピュータに自身の意識と記憶を移し替えている。一方、カーレースで大事故を起こしながら無傷であった息子宙は、既にサイボーグへと改造されていたことを父に告げられ、彼は巨大ロボット『鋼鉄ジーグ』として「邪魔大王国」に立ち向かうというストーリーである。また、富野由悠季と安彦良和のコンビの初作品であるロボットアニメ『勇者ライディーン』（1975・76年放映、日本教育テレビ）でも主人公ひびき洸（声：神谷明）の父親であるひびき一郎（声：村越伊知郎）が考古学者である（第1話でいきなり石にされてしまう）。ライディーンはエジプトの

ファラオをモチーフにしているが、第4話で登場する妖魔帝国の怪獣マドンが縄文時代の土偶がモチーフになっているなど考古学の要素が満載の作品である。さらに『伝説巨神イデオン』(1980・81年放映、テレビ東京)では、主人公のユウキ・コスモ(声:塩屋翼)は第6文明人の遺跡調査団長ユウキ・ロウル博士(声:池田勝)の息子であるが、考古学者・言語学者であるフォルモッサ・ロダン(声:笹岡繁蔵)とともにファースト・コンタクトでやはり死亡する。地球人が宇宙へ移民を開始した未来の話でありアンドロメダ星雲の植民星A-7・ソロ星で「第6文明人」と呼ばれる異星人の遺跡である巨大人型メカ「イデオン」が発掘されるという発想が面白いが、その後の『∀ガンダム』(1999・2000年放映、フジテレビ)にもみられるように、遺跡から人型ロボットが発掘される話はロボットアニメでは定番の設定である。また、同じ1980年代初めのロボットアニメ作品に『魔境伝説アクロバンチ』(1982年放映、日本テレビ)がある。主人公である蘭堂ジュン(声:中原茂)の父親蘭堂タツヤ(声:柴田秀勝)がシュリーマンに憧れるアマチュア宇宙考古学者であり、ロボットである謎の大秘宝クワチスカを求めて世界中の遺跡を巡る。そのためこの作品では、ストーンヘンジ、エジプト、クレタ島、バビロン、アンコールワット、マヤ、ナスカなど世界中の遺跡が登場する。

このように、子ども向けのテレビドラマやアニメにおいて、父親が考古学者でありながら科学者でもあるという設定が多くみられるが、その設定の非現実さを指摘するよりも、当時の子どもたちが、科学技術に対して夢と憧れを抱くのと同じように、古代の遺跡にもロマンを感じていた時代であったと考えるべきであろう。

第3章　1980年代・90年代作品に登場する考古学者

考古学界の動向

　1980年代から1990年代にかけては、好景気に支えられて開発に伴う発掘調査が急増した時期である。わが国の1年間の発掘調査の届出件数は1980（昭和55）年に約3千件であったが、その後件数は急激に増加して1996（平成8）年に約1万2千件となった。しかし、バブル崩壊の影響で翌年以降は約7千〜8千件で推移している。また、発掘調査等を実施する埋蔵文化財職員数も1980年代以降2千人から7千人に急増した。全国の津々浦々で実施される発掘調査の増加（その結果、遺跡の認知度が高まっただけでなく遺跡の周辺に住む人々が発掘作業員として遺跡発掘に参加する機会も増えた）やそれに伴う遺跡報道の増加によって、遺跡や発掘調査が身近な存在として国民に認識されるようになったのがこの時期である。

　具体的な遺跡調査の成果としては、1983（昭和58）年に奈良県キトラ古墳で石室内部をファイバースコープで撮影して話題となり、翌1984（昭和59）年には島根県荒神谷遺跡（弥生時代）で銅剣・銅矛など多量の青銅器が発見された。また、1986（昭和61）年には佐賀県吉野ヶ里遺跡（弥生時代）の発掘調査が開始され3年後に遺跡保存が決定されたが、吉野ヶ里遺跡は邪馬台国との関連から全国的に注目される遺跡となった。その後も1988（昭和63）年には奈良県で長屋王の邸宅が発見され、金銅製の馬具や装身具が発掘された藤ノ木古墳のファイバースコープによる調査が話題となった。1990年代になると、1992（平成4）年に青森県三内丸山遺跡（縄文時代）の発掘調査が始まり、2年後には保存が決定した三内丸山遺跡は、その集落の規模と豊富な遺物群から「縄

文ブーム」を引き起こした。また、1996（平成8）年には島根県加茂岩倉遺跡（弥生時代）で多量の銅鐸が発見されている。

　このように、1980年代から1990年代にかけては、全国的な遺跡調査数の増加に伴って重要な遺跡が次々と発見・調査された時期にあたる。また、吉野ヶ里遺跡や三内丸山遺跡にみられるように、発掘調査を実施してその成果を公表するだけでなく学術的に重要な遺跡の保存や整備に対する意識が高まり、遺跡を観光や地域振興に活用しようという機運が生まれたのもこの時期である。

考古学者が登場する映画・テレビドラマ・アニメ作品

　1980年代の映画作品で考古学者が登場する作品は、1970年代の作品と比較して大幅に増加している訳ではない。このうち、海外作品ではアドベンチャー映画、サスペンス映画、スパイ映画、恋愛映画、ホラー映画などに考古学者は登場するが、この中でもアドベンチャー映画は1970年代までは考古学者が登場しなかった新たなジャンルであり、1981（昭和56）年に公開されたスティーブン・スピルバーグ監督の「インディ・ジョーンズ」シリーズの第1作である『レイダース　失われたアーク《聖櫃》』（1981年公開、アメリカ映画）の登場は、現代の考古学者イメージについて考えるうえで極めて重要な出来事である。その後1990年代になると考古学者が登場する海外映画はやや増加している。ジャンルはSF映画、アドベンチャー映画、ホラー映画、恋愛映画、ヒューマン・ドラマ映画など1980年代のジャンルと大きな差はみられないが、ローランド・エメリッヒ監督の『スターゲイト』（1995年公開、アメリカ映画）やリュック・ベッソン監督の『フィフス・エレメント』（1997年公開、アメリカ映画）などのSF映画が増え、スティーブン・ソマーズ監督の『ハムナプトラ　失われた砂漠の都』（1999年公開、アメリカ映画）などのアドベンチャー映画も若干増えている。

　また、1980年代から1990年代にかけてはルチオ・フルチ監督の『マンハッタンベイビー』（1982年制作、日本未公開、イタリア映画）や『ルチオ・フルチ

の新デモンズ』(1990年制作、日本未公開、イタリア映画)、ブラム・ストーカー原作、ケン・ラッセル監督の『白蛇伝説』(1989年公開、イギリス映画)、トン・ウェイシン監督の『霊幻道士6　史上最強のキョンシー登場!!』(1992年制作、日本未公開、香港映画)、ラッセル・マルケイ監督の『タロス・ザ・マミー　呪いの封印』(1999年公開、アメリカ映画)などホラー映画に考古学者が登場することが多くなっている。このように、映画での出番が多くなってきた考古学者であるが、その専門が明らかに考古学とは異なる作品も登場してくる。例えば、ロビン・クック原作、フランクリン・J・シャフナー監督の『スフィンクス』(1981年公開、アメリカ映画)の主人公エリカ・バロン(レスリー・アン・ダウン)やローランド・エメリッヒ監督の『スターゲイト』(1995年公開、アメリカ映画)のダニエル・ジャクソン博士(ジェームズ・スペイダー)は考古学者というより古代言語を専門とする言語学者であり、ダニエル・ヴィンニュ監督の『シガニー・ウィーバーの大発掘』(1985年制作、日本未公開、フランス映画)のジュリアン(ジェラール・ドバルデュー)も考古学者というより人類学者である。

　1980年代の日本映画で考古学者が登場する作品は松林宗恵監督の『連合艦隊』(1981年公開、東宝)などわずかであるが、1990年代になると若干数が増え、ジャンルも多様化している。ホラー映画の諸星大二郎原作、塚本晋也監督の『ヒルコ　妖怪ハンター』(1991年公開、松竹富士)の異端の考古学者である稗田礼二郎(沢田研二)、怪獣映画の大河原孝夫監督の『ゴジラ対モスラ』(1992年公開、東宝)の元東都大学考古学教室助手である藤戸拓也(別所哲也)、学者ではないが考古学マニアという設定の金子修介監督の『卒業旅行ニホンから来ました』(1993年公開、東宝)の三木靖男(織田裕二)などであり、従来のお堅い学者イメージとはかけ離れたキャラクターが多くなる。

　これに対し、1980年代以降わが国で放映されたテレビドラマに考古学者が登場する作品が増加するが、その多くはミステリードラマである。著名な作品としてテレビ朝日放映で1981年から1997年まで19作続いた愛川欽也主演の考古学者相田古志郎シリーズ(「息子殺し」「女主人殺し」「女優殺し」「若妻殺し」

「未亡人殺し」「花嫁殺し」「婚約者殺し」「人妻殺し」「美人秘書殺し」「美人コンパニオン殺し」「新妻殺し」「美人外科医殺し」「美人お嬢さま殺し」「美人真珠王殺し」「美人デザイナー殺し」「人恋橋・幽霊殺し」「美人 OL 殺し」「女教師殺し」「美人エステティシャン殺し」）があり、サングラスと口髭の考古学者相田古志郎（愛川欽也）が殺人事件を解決する。また、西村寿行原作の『清里高原　神隠し！』（1991年放映、TBS）でも主人公の戸川一郎（田村亮）が考古学者である。ミステリードラマ以外では、サスペンスドラマで映画化された松本清張原作の『内海の輪』（1982年放映、TBS）の主人公江村宗三（滝田栄）や刑事ドラマの『スケバン刑事2　少女鉄仮面伝説』（1985・86年放映、フジテレビ）で主人公麻宮サキ（南野陽子）の父親（宮内洋）が考古学者であり、青春ドラマの『未成年』（1995年放映、TBS）でも考古学者牛島洋平（森本レオ）が登場する。また、実写版の『金田一少年の事件簿　秘宝島殺人事件』（1995年放映、日本テレビ）に考古学者佐伯京介（伊藤幸純）、戦隊ドラマである『超力戦隊オーレンジャー』（1995・96年放映、テレビ朝日）に考古学者三浦尚之（宮内洋）が登場する。さらに、1999年の NHK 朝の連続ドラマ『あすか』のヒロイン宮本あすか（竹内結子）の恋人速田俊作（藤木直人）が考古学者であり、1990年代になると戦隊ドラマや怪獣ドラマなどミステリースドラマ以外のジャンルのテレビドラマに考古学者が頻繁に登場するようにな

図10　相田古志郎（愛川欽也）『婚約者殺し』　　図11　早乙女七郎（宮内 洋）『スケバン刑事Ⅱ』

る。

　アニメ作品では、1980年代になると考古学者の登場するアニメが急激に増加する。ジャンルもそれまでのSFアニメやロボットアニメだけでなく映画『ルパン三世　バビロンの黄金伝説』（1985年公開、東宝）などのアクションアニメや『エクスプローラーウーマン・レイ』（1989年発売、東芝映像ソフト）などのアドベンチャーアニメ、さらには『魔法のプリンセス　ミンキーモモ　第1作』（1982・83年放映、テレビ東京）や『エスパー魔美』（1987〜89年放映、テレビ朝日）などの魔法少女アニメやファンタジーアニメにも考古学者が登場するようになる。また、アニメ大国であるわが国における特異な現象として、宮崎駿原作・監督の映画『となりのトトロ』（1988年公開、東宝）以降、「やさしいお父さん考古学者像」が成立することがあげられる。そして、1990年代以降になると、『ワンピース』（1999年から放映、フジテレビ）などのアドベンチャーアニメ、『金田一少年の事件簿』（1998年放映、読売テレビ）などの探偵アニメ、映画『キューティハニー F』（1997年公開、東映）などのアクションアニメ、『HUNTER×HUNTER』（1999〜2001年放映、フジテレビ）などのバトルアニメ、『MASTER キートン』（1998・99年放映、日本テレビ）などのミステリーアニメ、さらには魔法少女アニメ、SFアニメ、ギャグアニメ、ロボットアニメ、学園アニメなど考古学者が登場するアニメのバラエティがさらに増え、考古学者が登場するアニメはそれほど珍しいことではなくなる。

図12　ニコ・ロビン『ワンピース』

学者イメージの考古学者像

　1980年代の海外映画作品では、それ以前に多かった学者イメージで描かれた考古学者の割合は低下するものの、その風貌や服装が依然として従来の考古学者イメージで描かれた作品も多くみられる。例えば、J・リー・トンプソン監督の『キングソロモンの秘宝』（1986年公開、アメリカ映画）で捕えられソロモン王の秘宝のありかをしるした像の解読を迫られるヒューストン教授（ベルナルド・アーチャード）は温厚そうでいかにも学者らしい風貌である。また、ウッディ・アレン監督の『カイロの紫のバラ』（1986年公開、アメリカ映画）は考古学者のトム・バクスター（ジェフ・ダニエルズ）が映画のスクリーンから抜け出すという奇抜な作品であるが、サファリ・ヘルメットにサファリ・シャツというサファリ・ルックの主人公は以前からあるステレオタイプ化した考古学者イメージを体現している。しかし、海外映画作品では1990年代になると従来のような学者イメージで描かれた考古学者は減少する。
　一方、日本映画では作品数は少ないが堅物の学者イメージで描かれる伝統的考古学者像は健在である。その一つである伊藤俊也監督の『花いちもんめ』（1985年公開、東映京都）では、何事にも真面目な性格で地方の考古学研究に

図13　トム・バクスター（ジェフ・ダニエルズ）『カイロの紫のバラ』

図14　鷹野冬吉（千秋実）『花いちもんめ』

生涯を捧げた島根文化大学元教授の鷹野冬吉（千秋実）が登場するが、当時の60～70代の考古学者の雰囲気がよく出ている。本作品では認知症になった元大学教授の考古学者という設定であり、その背景に考古学者は頑固で融通がきかないイメージがあると考えられるが、実際の考古学者は年を取っても精力的に全国の遺跡を見て回るなど行動的で、認知症のイメージはない。同様のキャラクターとして松林宗恵監督の『連合艦隊』（1981年公開、東宝）に登場する考古学者で奈良博物館館長の本郷直樹（森繁久彌）があげられる。また、1990年代末の作品である和泉聖治監督の『ナイル』（1999年公開、東映）では

図15　先生『エスパー魔美』

図16　宗像志郎『金田一少年の事件簿　魔神遺跡殺人事件』

エジプト考古学者の吉村作治氏が自ら考古学者西山教授を演じている。

　次に、従来のような学者イメージで考古学者が描かれているテレビドラマ作品として姉小路祐原作の『弁護士朝日岳之介シリーズ4　考古学教室の殺人』（1992年放映、日本テレビ）があげられる。この作品では、東都大学文学部教授の仁堂忠男（梅野泰靖）、講師の前元敦史（藤原稔三）・堀内克己（阿部祐二）など多くの考古学者が登場する。ここで仁堂教授は比較的温厚な学者イメージで描かれているが、若手教員は出世のために教授の娘と付き合うなどひどい描かれ方をしている。また、考古学の教授・専任講師・助手をかかえてい

る大学であるにも関わらず、考古学者が国文科所属で国語の入試問題を作成するなど不可思議なことも多い。なお、ここで発掘調査している遺跡は東京都多摩ニュータウン遺跡群で、整理作業室や復元した竪穴住居は東京都埋蔵文化財センターの施設を使用している。

　1980年代から1990年代にかけてのアニメ作品には多くの考古学者が登場するが、いかにも学者らしい考古学者は僅かである。その一つが藤子・F・不二雄原作の『エスパー魔美　第65話　ドキドキ土器』(1988年放映、テレビ朝日)に登場する考古学者（声：二見忠男）である。この人物は教師を退職して塾をやりながら研究を続けている地元の考古学者であるが、埋蔵文化財行政が現在のように定着する以前はこの作品のように中学や高校の教師が生徒を連れて遺跡の発掘を行っていた。また、当時考古学界で議論となっていた「縄文時代中期農耕説」を発掘で実証することがこの元教師の夢であること、考古学の専門用語が多く使用されていることなど本作品の制作者に考古学の知識があるようである。これに対し、『金田一少年の事件簿　第56～59話　魔神遺跡殺人事件』(1998年放映、読売テレビ)の宗像志郎教授は気弱な考古学者として描かれている。物語の舞台である魔神村には「七鏡の館」、「宝玉の館」、「矛の館」の三つの館があり、庭には「ストーンサークル」、「閻魔地蔵」、「曲玉池」、「酒船石」など様々な時代の遺跡が存在し、四つの魔神具（銅鐸・銅鉾・銅鏡・宝玉）をめぐって殺人事件が起こるという設定で、宗像教授をはじめ東城大学教授の国守秋比古（声：八木光生）、助手の鳥辺野章（声：権ノ条勉）など多くの考古学者が登場する。宗像教授は研究に没頭する気弱な考古学者として描かれているが、その半面魔神具目当てに結婚するという研究のためには手段を選ばない利己的な人物としても描かれている。

　インディ・ジョーンズの登場

　1980年代初頭に登場し、世界的にその後の考古学者イメージを作り上げた作品がスティーブン・スピルバーグ監督の「インディ（インディアナ）・ジョー

ンズ」シリーズである。その第1作である『レイダース 失われたアーク《聖櫃》』(1981年公開、アメリカ映画)でハリソン・フォード演じるインディ・ジョーンズは冒頭のシーンで南米の遺跡に登場するが、インディ・ジョーンズのモデルは南米でマチュピチュ遺跡を発見した考古学者ハイラム・ビンガムあるいは「エルドラド(黄金の理想郷)」を探し求めた考古学者ジーン・サボイであるという説がある。また、この作品の中ではスーツ姿のインディが大学で講義するシーンもあるが、革のジャケットに帽子(インディ・ジョーンズハット)、そして鞭という出で立ちのインディの姿は学者というよりも冒険家やトレジャーハンターのイメージである(シリーズ第3作が公開された1989年には『インディと冒険野郎たち』というドキュメンタリー映画が制作されている)。また、考古学者の物語ではあるが「インディ・ジョーンズ」シリーズには「聖櫃」や「聖杯」といったキリスト教関連の遺物に関する話が中心となっている。

　いずれにしろ、この作品を契機に考古学者のイメージが学者イメージから冒険家あるいはトレジャーハンターのイメージへと変貌したといっても過言ではない。そして、第2作の『インディ・ジョーンズ 魔宮の伝説』(1984年公開、アメリカ映画)、第3作の『インディ・ジョーンズ 最後の聖戦』(1989年公開、アメリカ映画)でインディ・ジョーンズ人気は決定的になり、20年の時を経て『インディ・ジョーンズ クリスタル・スカルの王国』(2008年公開、アメリカ映画)が制作されている。また、その人気のため『レイダース 失われた魔宮と最後の王国』(2008年制作、日本未公開、ドイツ映画)のようなパロディ映画が制作され、東京ディズニーシーの「ロス

図17　インディ・ジョーンズ(ハリソン・フォード)
『レイダース 失われたアーク《聖櫃》』

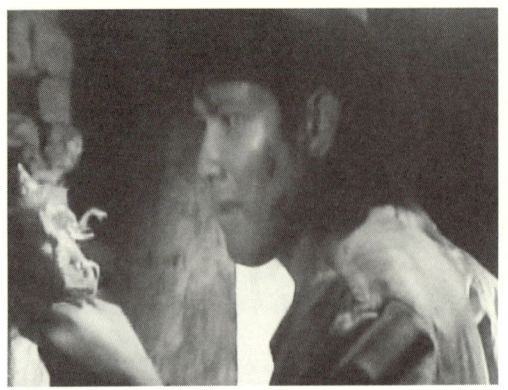

図18 藤戸拓也（別所哲也）『ゴジラ対モスラ』

トリバーデルタ」にみられるようにインディ・ジョーンズは映画だけでなくアミューズメント施設のアトラクションとして登場するようになった。

1980年代後半になると、海外では「インディ・ジョーンズ」シリーズの影響を受けたと思われる映画作品が制作されるようになる。例えば、J・リー・トンプソン監督の『キングソロモンの秘宝』（1986年公開、アメリカ映画）もその一つである。この作品はヘンリー・ライダー・ハガードの小説『ソロモン王の洞窟』が原作であり、1937年・1950年・1958年に映画化され、本作の続編も作られている。主人公の冒険家アラン・クォーターメイン（リチャード・チェンバレン）の出で立ち、列車や洞窟のシーン、ドイツ軍（ドイツ帝国）の登場、さらには音楽など明らかに「インディ・ジョーンズ」シリーズを意識している。また、1990年代末に大ヒットしたスティーヴン・ソマーズ監督の『ハムナプトラ　失われた砂漠の都』（1999年公開、アメリカ映画）は、1932年制作の『ミイラ再生』のリメイク作品であるが「インディ・ジョーンズ」シリーズの影響も感じられる。主人公のリック・オコーネル（ブレンダン・フレイザー）は冒険家で元傭兵、エヴリン（レイチェル・ワイズ）は古代エジプト語の専門家、兄のジョナサン（ジョン・ハナ）は考古学者であり、インディ・ジョーンズというキャラクターの重要な要素である冒険家（探検家）と学者（考古学者と古代エジプト語学者）の部分がこの三人で役割分担されているという見方もできる。また、「インディ・ジョーンズ」シリーズは敵と闘う考古学者（アクション系考古学者）のイメージも作り上げ、2000年代にその影響は顕著になる。マイケル・オブロウィッツ監督の『沈黙の標的』（2004年公開、アメリカ映画）のロバート・バーンズ教授（スティーヴン・セガール）、

スタンリー・トン監督の『THE MYTH　神話』（2006年公開、香港映画）のジャック（ジャッキー・チェン）などがこの路線である。

　これに対し、わが国の映画作品で「インディ・ジョーンズ」シリーズの影響がみられるようになったのは1990年代になってからである。例えば、大河原孝夫監督の『ゴジラ対モスラ』（1992年公開、東宝）に登場する元東都大学考古学教室助手の藤戸拓也（別所哲也）はサファリ・ルックの古くからある考古学者イメージと「インディ・ジョーンズ」シリーズの影響であるトレジャーハンターのイメージが重なっている。また、冒頭のアユタヤ遺跡内部の仕掛け（トラップ）や地面が割れるシーンは「インディ・ジョーンズ」シリーズそのものである。その後も三池崇史監督の実写版『ヤッターマン』（2009年公開、松竹＝日活）の海江田博士（阿部サダヲ）、テレビドラマでも石ノ森章太郎原作の『仮面ライダーW』（2010年放映、テレビ朝日）の轟響子（平田祐香）のように明らかにインディ・ジョーンズを意識した考古学者が登場する。

　わが国のアニメ作品においても「インディ・ジョーンズ」シリーズの影響は1990年代になってあらわれる。なかでも『モンタナ・ジョーンズ』（1994・95年放映、NHK）のボストン博物館教授のアルフレッド・ジョーンズ（声：中尾隆聖）はインディ・ジョーンズそのものであり、『こちら葛飾区亀有公園前派出所　第31話　忍者対インディ両津』（1997年放映、フジテレビ）も明らかに「インディ・ジョーンズ」シリーズの影響を受けていることがわかる。さらに、遺跡内のトラップも「インディ・ジョーンズ」シリーズの特徴であるが、それを真似たと思われるアニメ作品も多くみられる。オカルトアニメ『悪魔島のプリンス　三つ目がとおる　第9話　三つ岩山の秘密』（1990年放映、テレビ東京）の古墳石室内の仕掛け、アドベンチャーアニメ『未来少年コナンⅡ　タイガアドベンチャー』（1999・2000年放映、TBS）の冒頭で登場するマヤのピラミッド内のトラップも「インディ・ジョーンズ」シリーズの影響と思われ、その傾向は2000年代には日常化する。また、アクション系考古学者の登場が「インディ・ジョーンズ」シリーズの影響であるとするならば、1980年代後半の『禁断の黙示録　クリスタル・トライアングル』（1987年発売、ソニービ

デオソフトウェア）のチベット帰りの異端の考古学教授神代耕一郎（声：津嘉山正種）や岡崎武士原作の『エクスプローラーウーマン・レイ』（1989年発売、東芝映像ソフト）の杵築麗奈（声：土井美加）などもその影響下にあったということになる。

　このように、「インディ・ジョーンズ」シリーズの大ヒットにより、1980年代後半以降、従来の学者イメージではなく冒険家やトレジャーハンターという考古学者イメージが生成されたことがわかる。

女性考古学者の登場

　女性考古学者が登場する映画については、古くはジュスト・ジャカン監督の『エマニエル夫人』（1974年公開、フランス映画）があり考古学者ビー（マリカ・グリーン）が登場するが、奥地でフィールドワークを行うビーは考古学者というより冒険家のイメージで描かれている。『エマニエル夫人』のビーは脇役であったが、女性考古学者が主人公として登場するのがフランクリン・J・シャフナー監督の『スフィンクス』（1981年公開、アメリカ映画）のエリカ・バロン（レスリー・アン・ダウン）である。ただし、エリカは考古学者というよりエジプト学者（古代言語学者）である。同様に古代言語が専門でありながら考古学者と勘違いされているのが、「ハムナプトラ」シリーズ（1999・2001・2008年公開、アメリカ映画）のエヴリン（レイチェル・ワイズ、マリア・ベロ）である（エヴリンの兄のジョナサン、息子のアレックスが考古学者である）。女性考古学者が主人公である作品として世界的に著名な存在といえば「トゥーム・レイダー」シリーズ（2001・2003年公開、アメリカ映画）のララ・クロフト（アンジェリーナ・ジョリー）があげられるが、彼女も考古学者というよりトレジャーハンターである（父親であるリチャード・クロフト卿は考古学者である）。また、海外のテレビドラマでは、主人公であるピカード艦長（パトリック・スチュワート）が宇宙考古学者である『新スタートレック（TNG）』の「悲しみの幻影」（1989年放映、アメリカ作品）に女性考古学者の

マーラ・アスター中尉（ローザン・パウエル）、「大いなるホリデイ」（1990年放映、アメリカ作品）に女性考古学者のバッシュ（ジェニファー・ヘトリック）が登場するが、バッシュについては考古学者というよりトレジャーハンターであり、性格も性悪な女性に描かれている。このように、1980年代から1990年代は女性考古学者の黎明期として位置づけられ、その後1990年代末から2000年代にかけて、女性考古学者が登場する海外映画作品が急増することになる。

　これに対して、1980年代や1990年代のわが国の映画作品には女性考古学者は登場せず、テレビドラマでも『ウルトラセブン　失われた記憶』（1998年発売、円谷プロ）のヨシナガ助教授（のだよしこ）など僅かな作品に登場するに過ぎないが、アニメ作品では1980年代から女性考古学者が登場する。その初期の作品が岡崎武士原作の映画『エクスプローラウーマン・レイ』（1989年発売、東芝映像ソフト）である。主人公の杵築麗奈（声：土井美加）は考古学の教授にして格闘技の達人という設定である。モンキー・パンチ原作の『ルパン三世　ハリマオの財宝を追え‼』（1995年放映、日本テ

図19　右：エヴリン・カナハン（レイチェル・ワイズ）、左：ジョナサン・カナハン（ジョン・ハナ）『ハムナプトラ』

図20　ダイアナ『ルパン三世　ハリマオの財宝を追え』

レビ)のダイアナ(声:岡本麻弥)もロンドンの考古学助教授という設定である。ともに活発な女性として描かれており、この時期のアニメ作品に自立する女性考古学者の姿が読み取れる。

　ちなみに、現実のわが国の女性考古学者の数は決して多くない。考古学者の性別構成が欧州のように全体的に男女比がほぼ半数であり、ギリシャやキプロスのように女性が多い国もある地域(松田・岡村勝 2012)とは異なり、日本の考古学界は古くから「男社会」であり、現在もその状況はあまり変わっていない。松本直子氏らによると、わが国はアメリカ同様に考古学を専攻する学生や発掘調査に従事する女性の割合が高いのに対して、1991年の日本考古学協会の女性会員はわずか2.8%であり(現在でも6%程度である)、「考古学は3Kの学問で女性には向かない」といった誤った思い込みが蔓延しているという(松本・中園・川口 1999)。また、学術論文執筆者に占める女性研究者の割合をみると、日本史学(国史学)や東洋史学と比べて考古学の女性論文比率が明かに低く、考古学の主要雑誌である『考古学研究』や『考古学雑誌』では1980年代後半になって、ようやく女性研究者による論文の比率が上昇している。1980年代になってジェンダー考古学が注目され、その後学会などで女性研究者の地位について積極的に議論された結果、女性教員が大学や研究機関に採用されるようになったアメリカなどと比較すると、女性研究者の地位や研究環境に関する限り、わが国はまだまだ後進国である。この状況が1980年代から1990年代にかけてわが国の作品に登場する女性考古学者の少なさに反映しているのかも知れない。

　発掘調査員の登場

　1980年代以降の作品の中には、大学教授などいかにも考古学者というキャラクターではなく発掘調査に従事する若い調査員が主人公となっている作品がある。例えば、ラテン系のネパール人と発掘調査員の日常生活を描いた作品である『ベイビークリシュナ』(1998年公開、スタジオ・デルタ)がある。この作

品では鴨川大学発掘助手の佐々木誠（加藤賢崇）が物語の中心となっており、わが国で発掘調査に携わる調査員とそれを取り巻く日本の発掘業界の状況が描かれている。佐々木は大学の調査室のメンバーで独身、年齢は42歳くらいであるが、その体型や服装、雰囲気など実際の発掘調査員にありがちな人物で違和感がない。映画に登場する発掘現場は遺跡を再現したものであるが、会話の中の学術的な内容（継体天皇と大阪府今城塚古墳の関係など）や「トレンチ」などの考古学用語の使用、さらには現地説明会の様子などがリアルに描かれている。また、遺跡が出て困っている工事関係者の姿、限ら

図21　佐々木誠（加藤賢崇）『ベイビークリシュナ』

図22　管山美帆（月船さらら）『非女子図鑑　B（ビー）』

れた日程に追われる発掘作業、過労で倒れる調査員などもありがちな話である。本作品は、佐々木とクリシュナという両極端の性格の人間のほのぼのとした交流が心を和ませる作品であるが、日本では真面目でひたむきなイメージが発掘作業に従事している考古学者にあると想像される。また、最近の映画で発掘調査員が主人公の作品として、深川栄洋監督の『非女子図鑑　B（ビー）』（2009年公開、ニューシネマワークショップ）がある。ここでは主人公の管山美帆（月船さらら）が発掘調査の調査主任、大和圭吾（田中幸太朗）が調査員

である。『非女子図鑑』は女子らしくという言葉からはみ出た、わが道を行く女子たちを描いた短編集であり、「B（ビー）」では男社会である発掘現場で逞しく生きる女性の姿が描かれている。また、挿入歌として、かつてわが国の発掘現場の宴会の席で歌われていた「考古学エレジー」が使用され、撮影場所となった遺跡も実際の遺跡（茨城県石岡市田崎遺跡）であり、考古学や発掘調査の内情を知る人物が制作に関係しているようである。

ホラー映画とSF宇宙作品（スペースオペラ）

　海外では戦前からサスペンス映画やホラー映画に登場することの多かった考古学者であるが、1980年代以降、徐々にアドベンチャー系映画に頻繁に登場するようになる。しかし、遺跡や墳墓に対しては相変わらず不気味さやおどろおどろしさが感じられることから、1980年代以降になっても以前のようにホラー映画に考古学者が登場することが多い。特に、古くからある死者の呪いをテーマにした作品は健在である。例えば、ラッセル・マルケイ監督の『タロス・ザ・マミー　呪いの封印』（1999年公開、アメリカ映画）は1948年に考古学者タークル助手（クリストファー・リー）が古代エジプトのタロス王子の墳墓を発見し、墓の呪いの封印が解かれて発掘隊が全員死亡する。そして、50年後にタークルの孫娘サム（ルイーズ・ロンバート）と助手のブラッドレー（ショーン・パートウィー）がそのタロス王子の棺を発見するというストーリーである。その他にも、ルチオ・フルチ監督の『マンハッタンベイビー』（1982年制作、日本未公開、イタリア映画）、ブラム・ストーカー原作、ケン・ラッセル監督の『白蛇伝説』（1989年公開、イギリス映画）、ルチオ・フルチ監督の『ルチオ・フルチの新デモンズ』（1990年制作、日本未公開、イタリア映画）、トン・ウェイシン監督の『霊幻道士6　史上最強のキョンシー登場!!』（1992年制作、日本未公開、香港映画）などのホラー映画に考古学者が登場する。

　これに対し、考古学者が登場する1990年代のわが国のホラー映画として、諸星大二郎原作で塚本晋也監督の『ヒルコ　妖怪ハンター』（1991年公開、松竹

富士）があげられ、主人公の稲田礼二郎（沢田研二）が元K大考古学教授の異端の考古学者として登場する。なお、小松隆志監督の『奇談』（2005年公開、『奇談』製作委員会）は諸星大二郎の『妖怪ハンター』の「生命の木」（1978年）が原作であり、ここでは稲田礼二郎を阿部寛が演じている。このように、ツタンカーメン王墓の発掘に代表されるような、墳墓やミイラの発掘調査を実施する考古学者は古くからホラー映画に欠かせない存在であり、その傾向はその後も引き継がれている。

　これに対し、1990年代になるとSF宇宙作品（スペースオペラ）に考古学者が頻繁に登場するようになる。この時期の考古学者が登場する作品として、まずあげられるのがテレビドラマの『新スタートレック（TNG）』（1987〜94年放映、アメリカ作品）である。24世紀の未来の物語で、艦長のジャン＝リュック・ピカード（パトリック・スチュワート）はフランス生まれ、宇宙艦隊アカデミー卒業でシェークスピア、ハードボイルド・ミステリー、フェンシング、乗馬など多趣味の人物で宇宙考古学を専攻している。性格は冷静沈着で頑固、小動物や子供が嫌いで独身という設定であり、知的ではあるが若干変わり者として描かれている。なお、『新スタートレック（TNG)』シリーズでは、「第51話　悲しみの幻影」（1989年、アメリカ放映）で女性考古学者マーラ・アスター中尉（スーザン・パウエル）が惑星の調査中に殉職するという話があり、「第67話　大いなるホリデイ」（1990年、アメリカ放映）で女性考古学者バッシュ（ジェニファー・ヘトリック）が登場し、「第146話　命のメッセージ」（1993年、アメリカ放映）ではピカードの考古学の恩師であるガレン教授（ノーマン・ロイド）が登場する。映画作品では、ローランド・エメリッヒ監

図23　ジャン＝リュック・ピカード（パトリック・スチュワート）『新スタートレック』

督の映画『スターゲイト』（1995年公開、アメリカ映画）があり、異端の考古学者（どちらかというと考古学者ではなく言語学者である）であるダニエル・ジャクソン（ジェームズ・スペイダー）、エジプト考古学者のラングフォード博士（ヴィヴェカ・リンドフォース）が登場する。この他にも、パコリ教授（ジョン・ブルサル）とビリー（ルーク・ペリー）が登場するリュック・ベッソン監督の映画『フィフス・エレメント』（1997年公開、アメリカ映画）、ジョナサン・フレイクス監督の映画『スタートレック　叛乱』（1999年公開、アメリカ映画）など1990年代になると、宇宙や宇宙人に関連した作品に遺跡や考古学者が登場することが多くなる。その背景として謎の遺跡や遺物には宇宙人が関わっているという意識が多くの人々の根底にあることが想定され、必然的にこれらの作品に考古学者が登場するということになったと思われる。

アニメ作品に登場する新たな考古学者像

アクション系考古学者

　1980年代から1990年代になるとわが国のアニメ作品に登場する考古学者の中に従来の学者イメージとは異なるキャラクターが出現する。その一つは原作が1989年から1994年にかけて出版されのちにアニメ化された浦沢直樹・勝鹿北星・長崎尚志原作の『MASTERキートン』（1998・99年放映、日本テレビ）である。ヨーロッパやアジアの遺跡が登場する作品で主人公の平賀＝キートン・太一はオックスフォード大学卒の考古学者であるが元SAS（英国特殊空挺部隊・対テロ活動）のサバイバル教官（MASTER）と

図24　平賀＝キートン・太一『MASTERキートン』

いう変わった経歴の持ち主である。父は動物学者、母はイギリス人であり、大学時代に日本人女性（数学者）と結婚し、一女（百合子）をもうけたが離婚したという設定である。現在はロイズの保険調査員（オプ）で胡桃沢大学の非常勤講師をしている。この作品は分類上ミステリーアニメ

図25　草壁タツオ『となりのトトロ』

に区分したが、元SASのサバイバル教官ということで従来のアニメに登場する考古学者にアクション的要素（決して派手ではないが）も加わっている。その一方で離婚歴があり、娘や変わり者の父が存在するなど主人公の人間臭さが強調されており、そのギャップがいかにも日本人好みである。現在の30代後半〜40代の考古学者でこの作品の影響を受けた人は多い。その後、1990年代終りになると、映画『キューティハニーF』（1997年公開、東映）、映画『スプリガン』（1998年公開、東宝）、『遊☆戯☆王』（1998年放映、テレビ朝日）のように、アクション系アニメ作品やバトル系アニメ作品に考古学者が登場するようになるが、これらの作品は1980年代の「インディ・ジョーンズ」シリーズの影響で1990年代になって考古学者が登場するアニメ作品に、新たなジャンルが加わったことを示すものである。

「やさしいお父さん」考古学者

　これに対し1980年代終わりになると、わが国のアニメの中に「家庭的でやさしいお父さん」という従来はなかった考古学者像が誕生した。その契機となったのが、宮崎駿原作・監督の映画『となりのトトロ』（1988年公開、東宝）である。サツキとメイの父親である草壁タツオ（声：糸井重里）が考古学者であり、実在の考古学者がモデルになっていることは考古学界では有名な話であ

る。タツオ（32才）は優しく、おとなしい性格だが、すこしおっちょこちょいで頼りなく、お化け屋敷に住むのが小さいときから夢だったという人物であり、非常勤講師として大学で考古学を教えている。書斎に本が多いため小説家と思っている人が多いが、書斎には縄文土器の写真が飾られ考古学関係の書籍が乱雑に積まれている（その表紙や背表紙のタイトルを確認すれば考古学者であることは明らかである）。また、宮崎監督は縄文農耕論で著名な考古学者藤森栄一氏を尊敬し、藤森栄一氏の『かもしかみち』（学生社、1977年刊）や中尾佐助氏の『栽培植物と農耕の起源』（岩波書店、1966年刊）に影響を受けたという（宮崎 1996：260頁）。なお、タツオの職業は当初作家という設定であったが（宮崎 1996：405頁）、その後考古学者に変更されたようである。また、大学の非常勤講師だけで生活できるのかという点について以前から気になっていたが、『小説となりのトトロ』（宮崎 1988）によると翻訳の仕事もしていたようである。

　同様に「家庭的でやさしいお父さん」として、CLAMP原作の『カードキャプターさくら』（1998～2000年放映、NHK）があげられる。ここで主人公さくらの父親である木之本藤隆（声：田中秀幸）は眼鏡をかけたやさしい父親であり、塔和大学で考古学を教える教員という設定である。自宅の地下がすべて書庫になっているあたりは藤隆が学者であることを象徴している（影山 2008）。その中でも「第22話　さくらとやさしいお父さん」は学会発表の準備で忙しい藤隆をめぐる話で、考古学の講義風景も登場する。また、書斎や研究室で本に囲まれているところが学者らしいが、それらは海外の文献であり、本の背表紙や講義内容からヨーロッパの新石器時代や青銅器時代が専門と思われる。藤隆は「家庭的でやさしいお父さん」として描かれており、その容姿はまったく学者っぽくないが、唯一、眼鏡が学者っぽさを演出している。

　これに対して、「やさしいお母さん」として考古学者が描かれているのが東堂いずみ原作の『ふたりはプリキュア Splash ★ Star』（2006・2007年放映、テレビ朝日）の美翔舞の母親である美翔可南子（声：日下由美）である。可南子は何事にものめり込むタイプで、飾り気がなくサッパリしたタイプの人物と

第 3 章　1980年代・90年代作品に登場する考古学者　55

して描かれているが、ここでも眼鏡が学者らしさを演出している。「第17話　壊れた埴輪！　どうする舞とお母さん」では、可南子が古墳の発掘を担当し発掘調査報告書を作成中という設定であり、そのなかで発掘調査や整理作業の様子が紹介されている。

同様に、「家庭的でやさしいお父さん」ではあるが若干イメージの異なるアニメ作品に『魔法のプリンセス　ミンキーモモ　第2作』(1991・92年放映、日本テレビ) がある。ミンキーモモの父親 (声：江原正士) は考古学者で古代文明フェナリーナーサの研究家ということになっている。「第22話　GO！GO！　チアガール」での父親はサファリ・ルックあるいは探検隊風ファッション (サファリ・ハットにヘッドランプ、半ズボン) で発掘をしている。家族思いでやさしい父親というイメージは『となりのトトロ』の草壁タツオや『カードキャプターさくら』の木之本藤隆と同様であるが、かなり変わった人物に描かれている。また、マイムマイム王朝の遺跡 (地下の神殿) はマヤのピラミッド

図26　美翔可南子『ふたりはプリキュア Splash★Star』

図27　木之本藤隆『カードキャプターさくら』

図28　パパ『ミンキーモモ　第2作』

風の建造物であり、そこに古墳時代の武人埴輪が登場するなど何でもありである。なお、第1作の『魔法のプリンセス　ミンキーモモ』(1982・83年放映、テレビ東京)では父親は獣医であり考古学者ではないが、「第32話　大きすぎた訪問者」で考古学者(声：堀内堅雄)が登場し、ミンキーモモ(声：小山芙美)も考古学者に変身している。

　このように、1980年代末以降にわが国のアニメ作品の中に「家庭的でやさしいお父さん・お母さん」として描かれる新たなタイプの考古学者が登場するようになったが、これは外国のアニメにはない特異な現象である。その背景に、家庭では家族を大事にするやさしい人物である一方で、仕事では古代のロマンを追求する考古学者という「夢のある職業」に従事している父親や母親が、子どもにとって魅力的だという意識が存在した可能性がある。この点については、『ふたりはプリキュア　Splash★Star』の舞のお父さんが天文学者、お母さんが考古学者という、ともに「夢のある学問」に従事しているという設定がこのことを裏付けているのかも知れない。

第4章　2000年代の作品に登場する考古学者

考古学界の動向

　2000年代の考古学界は、2000（平成12）年2月の奈良県酒船石遺跡における亀形石造物発見報道によって幕を開けたが、11月には毎日新聞の報道により「前期・中期旧石器時代遺跡捏造事件」が発覚し、日本考古学の信用が一気に失墜した。その後、日本考古学協会によって捏造事件を検証した調査報告書が刊行されたが（前・中期旧石器問題調査研究特別委員会編 2003）、そこでは捏造された遺跡や前期・中期旧石器（実際には他の遺跡から採集された縄文時代の石器）を引用したため参照できなくなった多くの著作や学術論文がリストアップされ、事態の深刻さが浮き彫りになった。最近になって捏造者の周囲にいた関係者が捏造事件について語った著書が刊行されたが（岡村道 2010）、研究者の関与や捏造を見抜けなかった理由など、未だに釈然としない部分がある。

　翌年の2001（平成13）年には鳥取県上寺地遺跡から豊富な遺物群とともに弥生人の脳が発見されて話題となった。2003（平成15）年には国立歴史民俗博物館によって放射性炭素年代測定により弥生時代開始年代が従来よりも五百年古く遡るという発表があり、その妥当性をめぐって論争が起こった。国立歴史民俗博物館の放射性炭素年代測定をめぐっては、2009（平成21）年に奈良県箸墓古墳の築造年代が女王卑弥呼の死亡時期とほぼ一致するという報道がなされ話題になったが、これに箸墓古墳に隣接する纏向遺跡で大型建物跡（卑弥呼の宮殿？）が発見されことも加わり、現在『邪馬台国論争』が再燃している。

考古学者が登場する映画・テレビドラマ・アニメ作品

2000年代になると考古学者が登場する海外の映画作品が急増するが、その多くはスティーブン・ソマーズ監督の『ハムナプトラ2　黄金のピラミッド』（2001年公開、アメリカ映画）、サイモン・ウエスト監督の『トゥームレイダー』（2001年公開、アメリカ映画）、オレグ・シュトロム監督の『ロックレイダー』（2007年制作、日本未公開、ロシア映画）、『インディ・ジョーンズ　クリスタル・スカルの王国』（2008年公開、アメリカ映画）などのアドベンチャー映画である。アドベンチャー映画以外ではジェームズ・アイザック監督の『ジェイソンX』（2002年公開、アメリカ映画）、レニー・ハーリン監督の『エクソシスト・ビギニング』（2004年公開、アメリカ映画）などのホラー映画、リチャード・ドナー監督の『タイムライン』（2004年公開、アメリカ映画）、ポール・アンダーソン監督の『エイリアンVS．プレデター』（2004年公開、アメリカ映画）などのSF映画がある。

また、2000年代になると、上映時間が60分から90分程度のテレビムービー（TVM）が登場し、そこで考古学者が登場する作品が目立つという新たな傾向がみられる。セバスチャン・ニーマン監督の『サイン・オブ・ゴッド』（2003年制作、日本未公開、ドイツ映画）、ケヴィン・ヴァンフック監督の『レジェンド・オブ・タイタンズ』（2005年制作、日本未公開、アメリカ映画）、ルーイー・マイマン監督の『ナイトメア・ミュージアム』（2006年制作、日本未公開、アメリカ映画）、デニス・ベリー監督の『ロンギヌスの槍を追え！』（2007年制作、日本未公開、ベルギー・フランス映画）、ポール・ジラー監督の『ストームゴッド』（2008年制作、日本未公開、アメリカ映画）、ファラド・マン監督の『トレジャー＆ドラゴン　魔の竜神と失われた王国』（2008年制作、日本未公開、カナダ映画）、パオロ・バルツマン監督の『ラストクルセイダーズ』（2008年制作、日本未公開、カナダ映画）、デグラン・オブライエン監督の『レジェンド・オブ・アーク　ノアの秘宝』（2008年制作、日本未公開、アメリカ

映画）などであるが、最近のテレビムービー（TVM）ではテリー・カニンガム監督の「ジャック・ハンター」シリーズ（2008年制作、日本未公開、アメリカ映画）のように、考古学者が主人公である映画作品がシリーズ化されるものも現われた。

これに対し、考古学者が登場する日本映画は、小松隆志監督の『奇談』（2005年公開、ザナドゥー）、黒沢清監督の『LOFT』（2006年公開、ファントム・フィルム）、大森一樹監督の『黒い春』（2007年放映、WOWWOW）、三池崇史監督の『ヤッターマン』（2009年公開、松竹＝日活）など数は多くないがホラー映画、パニック映画、コメディ映画などジャンルは様々である。また、海外作品とは異なり、考古学者が登場するアドベンチャー映画が存在しないことが日本映画の特徴である。

2000年代になると、わが国のテレビドラマ作品において考古学者が登場する作品が急増し、ジャンルも『浅見光彦シリーズ　箸墓幻想』（2007年放映、フジテレビ）など1980年代以降増えてきたサスペンスドラマだけでなく、『古畑任三郎ファイナル　今、甦る死』（2006年放映、フジテレビ）や『ケイタイ刑事銭形泪　怪奇！よみがえったツタンカーメンのご近所さん！〜ミイラ男の呪い殺人事件〜』（2004年放映、TBS）、『ケータイ刑事銭形雷　考古学者VS銭形雷　縄文人の変死体事件』（2006年放映、BS−i）などの刑事ドラマ、『TRICK 3 episode 2　瞬間移動の女』（2003年放映、テレビ朝日）や『鹿男あをによし』（2008年放映、フジテレビ）などのコメディドラマ、『仮面ライダークウガ』（2000年放映、テレビ朝日）、『ウルトラマンコスモス』（2001・2002年放映、毎日放送）、『ウルトラマンマックス』（2005年放映、TBS）などの変身ヒーロードラマ、『轟轟戦隊ボウケンジャー』（2006年放映、テレビ朝日）などの戦隊ドラマというようにジャンルの幅が一気に広がった。また、海外ドラマ作品でも考古学者が登場するドラマとして、アドベンチャードラマの『レリック・ハンター』（2000・2002年放映、NHKBS）、探偵ドラマの『名探偵ポアロ　メソポタミア殺人事件』（2002年放映、NHK）、ミステリードラマの『ボーンズ』（2006年から放映、TBS・テレビ朝日）などが放映されている。

さらに、2000年代になると考古学者の登場するアニメ作品は急激に増加し、ジャンルも多様になった。そのなかで比較的作品数の多いジャンルに『ラーゼフォン』(2002年放映、フジテレビ)、映画『ラーゼフォン　多元変奏曲』(2003年公開、松竹)、『REIDEEN』(2007・2010・2011年放映、WOWOW、TOKYO MX)などのロボットアニメ、『金田一少年の事件簿　出雲神話殺人事件』(2000年放映、日本テレビ)や『魔人探偵脳噛ネウロ』(2007・2008年放映、日本テレビ)などの探偵アニメ、映画『ポケットモンスター　結晶塔の帝王　ENTEI』(2000年公開、東宝)などのアドベンチャーアニメがある。その他にも『遊☆戯☆王　デュエルモンスターズ』(2000〜2004年放映、テレビ東京)などのバトルアニメ、『ラブひな』(2000年放映、テレビ東京)や『舞-HiME』(2004・2005年放映、テレビ東京)などの学園アニメ、映画『ドラえもん　のび太と翼の勇者たち』(2001年公開、東宝)などのSFアニメ、『D・N・ANGEL』(2003年放映、テレビ東京)などのアクションアニメ、『テイルズオブシンフォニア』(2007年制作、フロンティアワークス)などのファンタジーアニメ、さらには魔法少女アニメの『ふたりはプリキュア Splash★Star』(2006・2007年放映、テレビ朝日)、ギャグアニメの『ケロロ軍曹5　216話　冬樹　日向家財宝伝説であります』(2008年放映、テレビ東京)、戦争系アニメの『戦場のヴァルキュリア』(2009年放映、TOKYO MX)、医療アニメの『ブラック・ジャック　Karte38　未知なる者への挑戦』(2005年放映、読売テレビ)などがあり、ジャンルは実に多様になった。また、これらの作品の中でも「ポケットモンスター」シリーズに多くの考古学者が登場する。映画『結晶塔の帝王　ENTEI』(2000年公開、東宝)ではシュリー博士(声：竹中直人)と助手のジョン(声：薬丸裕英)、テレビアニメでは『アドバンスジェネレーション　第76話　ヤジロンと霧の中の遺跡！』(2004年放映、テレビ東京)では考古学者になるのが夢の少女クルヨ(声：三石琴乃)、『ジョウト編(金銀編)　第196話　ゴルバットVSかめんのじょおうムサシ！いせきのたたかい!!』(2001年放映、テレビ東京)では考古学者ナツキ(声：根谷美智子)、『ダイヤモンド＆パール』(2006〜2010年放映、テレビ東京)では女性考古学者

シロナ（声：櫻井智）が登場する。このように子ども向けのアニメに考古学者が登場することは以前からあったが、2000年以降になってその頻度は増している。

学者イメージの考古学者像

「インディ・ジョーンズ」シリーズに端を発するトレジャーハンターや冒険家が活躍するアドベンチャー系の考古学者イメージが定着した2000年以降の海外映画作品にも、考古学者が学者らしく描かれている作品は存在する。ジョナス・マッコード監督の『抹殺者』（2002年公開、アメリカ映画）のシャロン・ゴールバン（オリビア・ウィリアムズ）とピエール・ラベール神父（デレク・ジャコビ）、ウェス・アンダーソン監督の『ザ・ロイヤル・テネンバウムズ』（2002年公開、アメリカ映画）のエセル・テネンバウム（アンジェリカ・ヒューストン）、リチャード・ドナー監督の『タイムライン』（2004年公開、アメリカ映画）のジョンストン教授（ビリー・コノリー）、ジョーダン・ロバーツ監督の『ラスト・マップ／真実を探して』（2004年制作、日本未公開、アメリカ映画）のヘンリー・レア（マイケル・ケイン）、サナー・ハムリ監督の『旅するジーンズと19歳の旅立ち』（2008年公開、アメリカ映画）のナスリン（ショーレ・アグダシュルー）などである。ただし、これらの作品の中に遺跡の発掘シーンが登場するなど、地道で学者らしい考古学者イメージで描かれてはいるが、あくまで主役ではなく脇役として作品に登場している点がアドベンチャー映画とは大きく異なる点である。

これに対し、2000年以降の日本映画作品には学者イメージの考古学者が登場することは稀であり、イ・シミョン監督の『ロスト・メモリーズ』（2004年公開、韓国・日本映画）で今村昌平監督が考古学者を演じている程度である。また、考古学者ではないがこの時期の作品として堤幸彦監督の『まぼろしの邪馬台国』（2008年公開、東映）があり、邪馬台国を追い求める長崎の郷土史家・宮崎康平を竹中直人が演じている。

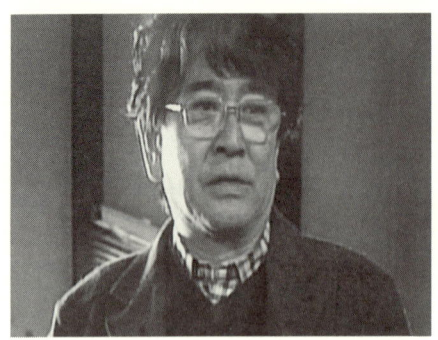

図29　天馬恭介（石坂浩二）『古畑任三郎ファイナル　今、甦る死』

図30　小池拓郎（梅野泰靖）『箸墓幻想』

図31　小治田史明（児玉清）『鹿男あをによし』

　これに対し、この時期のわが国のテレビドラマでは学者イメージで描かれた考古学者が多く登場する。まず、『古畑任三郎ファイナル　今、甦る死』（2006年放映、フジテレビ）の天馬恭介（石坂浩二）があげられる。天馬は元校長で鬼切村郷土資料館の館長である。遺跡にレジャーランドが建設されることに反対して15年前に天馬が犯した殺人をめぐる物語であるが、凶器に石器（石槍）が使用されている点が斬新である。石坂浩二が演じる天馬は眼鏡をかけ、セーターに地味なジャケットという服装であり、いかにも地方の郷土資料館の館長という風体である。また、内田康夫原作の『浅見光彦シリーズ　箸墓幻想』（2007年放映、フジテレビ）では、畝傍考古学研究所元所長の小池拓郎（梅野泰靖）、畝傍考古学研究所課長の平沢徹（青山勝）、係長の広瀬達也（山田良隆）、研究員の丸岡孝郎（山崎一）、島田いづみ（筒井真理子）、長井明美（神戸みゆき）と多くの考古学者が登場する。アカネ山古墳（初期の前方後円墳）で画文帯神獣鏡が出土したことによりアカネ山古

墳が「卑弥呼の墓」と報道され話題となるが、実は画文帯神獣鏡は箸墓古墳の盗掘品が埋められたものであり、それをめぐって新たな殺人事件が起きるというストーリーである。冒頭のシーンで水死体で発見される小池は、箸墓古墳から画文帯神獣鏡を盗掘した張本人であり、小池の行動は「考古学者の業」と表現されている。また、同じ内田康夫原作の『浅見光彦シリーズ　十三の冥府』（2010年放映、フジテレビ）でも青森中央大学教授の本間信也（西田健）、准教授の北口善明（斉藤陽一郎）、三戸俊明（春日純一）、研究生の松田由美子（斉藤ナツ子）と多くの考古学者が登場し、青森県三内丸山遺跡でロケが行われているように「浅見光彦シリーズ」には遺跡を題材にしたものが目立つ。

　また、万城目学原作の『鹿男あをによし』（2008年放映、フジテレビ）に登場する奈良女学館高等学校教頭の小治田史明（児玉清）は注目されるキャラクターである。小治田は弥生時代の専門家で、学校ではリチャード・ギアに似ていることから「リチャード」と呼ばれているダンディな考古学者である。このキャラクターは夏目漱石の『坊っちゃん』の「赤シャツ」がモチーフになっているが、『坊っちゃん』に登場する教頭の「赤シャツ」のモデルは東京帝国大学理学部出身で『東京人類学雑誌』に愛媛の古墳や遺物について報告している考古学者横地石太郎とされている（名本 1997、愛媛県立歴史文化博物館 2006）。小治田教頭は、物語の終盤になると普段のダンディな姿とは正反対の、例え日本が滅亡しても自分の学問的名誉欲に固執する考古学者として描かれている。このようなストイックな考古学者に対して、飄飄とした人物として描かれているのが『古代少女ドグちゃん』（2009年放映、毎日放送）に登場する杉原考古学研究所所長の杉原謙三（上川隆也）である。海外の発掘調査や学会発表でほとんど家にいないという設定は、主人公の父親が考古学者である場合よくあることであるが、常に全世界の遺跡を駆け巡り縄文時代にも詳しいという設定は実際の考古学者では考えられない。

　2000年代のわが国のアニメ作品でも学者らしい考古学者は登場する。まず、藤子・F・不二雄原作の「ドラえもん」シリーズでは映画『ドラえもん　のび太と翼の勇者たち』（2001年公開、東宝）にミミズクの考古学者ホウ博士（声：

永井一郎）が登場するが、「ドラえもん」シリーズで考古学者が登場する他の作品として22世紀の考古学者ストーム（声：屋良有作）が登場する映画『ドラえもん　のび太とふしぎ風使い』（2003年公開、東宝）がある。このうち、ホウ博士は眼鏡をかけ白衣を着ており、理知的で温厚なところが学者らしい。また、自宅には碑文や多くの書籍が並べられているあたりが考古学者らしさを演出している。博士の研究テーマは「フェニキア」という「封印された強大な力＝怪獣」であるが、古代に封印された強大な力の存在とそれを利用しようとする人々という設定は、映画やアニメによくみられるものである。これに対し、赤松健原作の『ラブひな』（2000年放映、テレビ東京）の東京大学講師の瀬田記康（声：松本保典）は一見まともな考古学者のようにみえるが、その行動や研究内容が現実とかけ離れている点が多い人物である。主人公である浦島景太郎（声：上田祐司）は浪人生で、東大入学後は瀬田記康との出会いによって考古学への道を志し、アメリカ留学を経て最終話では東京大学の助教授になっている。「第14話　再会？なる憧れの人は今東大講師　ラブへな」では景太郎が東大のアルバイトで土器を復元するシーンがある。瀬田は学内では白衣（研究者イメージを演出している）を着ているが、「第15話　好き！　洞くつの中のラブラブ宣言　ほらあな」の発掘調査ではネクタイ姿でヘルメットにヘッドランプという奇妙な出で立ちであり、遺跡は「洞窟」（ほらあな）と表現され、

図32　杉原謙三（上川隆也）『古代少女ドグちゃん』

図33　ホウ博士『ドラえもん　のび太と翼の勇者たち』

鶴嘴で掘っている様子をみると遺跡はまるで炭鉱か戦時中の地下壕のようである。また、最初に登場する遺跡のトラップは「インディ・ジョーンズ」シリーズを彷彿とさせる。瀬田の専門は古代カメ文明であるというのも意味不明であるが、浮世離れしているが憎めない瀬田の性格が考古学者のイメージであると思われる。

考古学者イメージのインディ・ジョーンズ化

このように様々な映像娯楽作品に登場するようになった考古学者であるが、2000年代の特徴として、明らかに「インディ・ジョーンズ」シリーズの影響を受けたと思われる考古学者が登場する作品が増えたことがあげられる。わが国において考古学者像がインディ・ジョーンズ化するのである。このうち映画作品では三池崇史監督の実写版『ヤッターマン』(2009年公開、松竹＝日活)の海江田博士(阿部サダヲ)は、ソフト帽(インディ・ジョーンズハット)にゴーグル、サファリ・シャツにナイフとマップケース、そして鞭という出で立ちであり、明らかにインディ・ジョーンズを意識している。この傾向はテレビドラマでも同様であり、石ノ森章太郎原作の『仮面ライダーW』(2010年放映、テレビ朝日)の轟響子(平田裕香)の出で立ちもインディ・ジョーンズそのものである。

アニメの世界では「インディ・ジョーンズ」シリーズの影響はさらに明瞭にあらわれる。例えば、映画『ワンピース 呪われた聖剣』(2004年公開、東映)や映画『超劇場版ケロロ軍曹3 ケロロ対ケロロ 天空大決戦であります！』(2008年公開、角川映画)で巨大な丸い石が狭い通路の先から迫ってくるなど、明

図34 海江田博士(阿部サダヲ)『ヤッターマン』

らかに「インディ・ジョーンズ」シリーズ作品の影響による遺跡のトラップが次々と登場する。また、ケロロ軍曹シリーズでは『ケロロ軍曹5 216話 冬樹 日向家財宝伝説であります』（2008年放映、テレビ東京）で逆トレジャー型宇宙人がインディ・ジョーンズのオマージュとして登場する。

　このように2000年代になると、わが国でも映画やアニメに「インディ・ジョーンズ」シリーズを意識したキャラクターや遺跡のトラップが登場しても違和感を感じなくなり、考古学者＝インディ・ジョーンズというイメージが定着したことがわかる。ただし、「インディ・ジョーンズ」シリーズをリアルタイムで見ていない若者は、それが「インディ・ジョーンズ」シリーズの影響であると理解していない可能性がある。

トレジャーハンター系・アクション系考古学者像

　外国映画作品において、同じく「インディ・ジョーンズ」シリーズの影響によると思われるのがトレジャーハンター系考古学者の蔓延である。トレジャーハンター系考古学者は次々とシリーズ化されてゆくが、その元祖である「インディ・ジョーンズ」シリーズは1980年代の3部作の後、約20年ぶりに『インディ・ジョーンズ　クリスタル・スカルの王国』（2008年公開、アメリカ映画）が公開された。そして、「ハムナプトラ」シリーズも1999年に公開された第1作ののち、2001年に『ハムナプトラ2　黄金のピラミッド』（2001年公開、アメリカ映画）、そして2008年に『ハムナプトラ3　呪われた皇帝の秘宝』（2008年公開、アメリカ映画）が公開されている。また、女性版インディ・ジョーンズといわれるララ・クロフト（アンジェリーナ・ジョリー）が主人公のサイモン・ウェスト監督の『トゥーム・レイダー』（2001年公開、アメリカ映画）、および続編のヤン・デ・ボン監督の『トゥーム・レイダー2』（2003年公開、アメリカ映画）の「トゥーム・レイダー」シリーズも相次いで公開されている。最近では考古学者ジャック・ハンター（イヴァン・セルゲイ）が活躍するテレビムービー（TVM）であるテリー・カニンガム監督の『ジャック・

ハンター　クリスタル・ロッドの謎』(2008年公開、アメリカ映画) などの「ジャック・ハンター」シリーズもこの路線である。

さらに、明らかにこれらの作品を真似た作品が次々と登場するのが2000年代である。「インディ・ジョーンズ」シリーズではアクセル・ザント監督の『レイダース　失われた魔宮と最後の王国』(2008年制作、日本未公開、ドイツ=南アフリカ映画)、「トゥーム・レイダー」シリーズではニール・ウェントワース監督の『トゥーム・ソルジャー』(2008年公開、アメリカ映画) などがあげられる。

これに対し2000年代になって新たに登場したのが、よりアクション的要素を強く打ち出し、敵と闘うアクション (武闘) 系考古学者である。マイケル・オブロウィッツ監督の『沈黙の標的』(2004年公開、アメリカ映画) のロバート・バーンズ教授 (スティーヴン・セガール)、スタンリー・トン監督の『THE MYTH　神話』(2006年公開、香港映画) のジャック (ジャッキー・チェン) などがこれにあたるが、スティーヴン・セガール演じるロバート・バーンズ教授は、中国考古学が専門で元裏社会の人間という現実離れした設定になっている。これらの作品については、敵と闘うインディ・ジョーンズのイメージが強調され、アクションスターを考古学者としてキャスティングした作品という位置づけが可能である。

女性考古学者の定着

2000年代になると、外国映画作品において女性考古学者が珍しい存在ではなくなった。フランコ・ゼフィレッリ監督の『ムッソリーニとお茶を』(2000年公開、アメリカ映画) のジョージー (リリー・トムリン)、サイモン・ウェスト監督の『トゥーム・レイダー』(2001年公開、アメリカ映画) およびヤン・デ・ボン監督の『トゥーム・レイダー２』(2003年公開、アメリカ映画) のララ・クロフト (アンジェリーナ・ジョリー)、ジョナス・マコード監督の『抹殺者』(2002年公開、アメリカ映画) のシャロン・ゴールバン (オリビア・

ウィリアムズ)、ウェス・アンダーソン監督の『ザ・ロイヤル・テネンバウムズ』(2002年公開、アメリカ映画)のエセル・テネンバウム(アンジェリカ・ヒューストン)、アンジェイ・バートコウィアク監督の『DOOM／ドゥーム』(2006年公開／アメリカ映画)のサマンサ・グリム博士(ロザムンド・パイク)、オレグ・シュトロム監督の『ロックレイダー』(2007年制作、日本未公開、アメリカ映画)のアリョーナ(アナスタシア・バニーナ)、カーティス・ラドクリフ監督の『SICK HOUSE』(2007年制作、日本未公開、イギリス映画)のアンナ(ジーナ・フィリップス)、デニス・ベリー監督の『ロンギヌスの槍を追え！』(2007年制作、日本未公開、フランス・ベルギー映画)のソフィア・ベランジャ(エレーヌ・スザーレ)、サナー・ハムリ監督の『旅するジーンズと19歳の旅立ち』(2008年公開、アメリカ映画)のナスリン(ショーレ・アグダシュルー)など実に多くの女性考古学者が映画作品に登場するようになった。

このように、2000年代になると様々な映画作品に女性考古学者が頻繁に登場するようになるが、それ以前の時期と明らかに異なる点は女性考古学者が主人公として描かれることが多くなった点であり、なかでも『トゥーム・レイダー』(2001年公開、アメリカ映画)のララ・クロフト(アンジェリーナ・ジョリー)が女性考古学者として世界的に有名な存在である。本作品は1996年にイギリスで製作されたアクションアドベンチャーゲームが映画化されたものである。ゲームのキャラクターとして当初は男性キャラクターが計画されたがインディ・ジョーンズに似てしまうということで女性が主人公になったという。ゲームは大ヒットし、映画化されアンジェリーナ・ジョリーの出世作となったが、ララ・クロフトはイギリスではインディ・ジョーンズを凌ぐ人気である。ララの父親のリチャード・クロフト卿(ジョン・ヴォイト)が考古学者であるのに対し、ララは考古学者というよりトレジャーハンターであるが、彼女は「闘う女性考古学者」のイメージを確立したといえる。

2000年代に女性考古学者が活躍する傾向は海外のテレビドラマ作品でも認められる。例えば、『レリック・ハンター』(2000・2002年放映、カナダ・フラン

ス作品)の主人公シドニー・フォックス(ティア・カレル)は大学教授(考古学)で秘宝ハンターであり、『ボーンキッカーズ 考古学調査班』(2009年放映、イギリス作品)の主人公ジリアン・マグワイルド博士(ジュリー・グレアム)はウエセックス大学ボーンキッカーズリーダーの女性考古学者である。これに対し、国内作品で女性考古学者が主人公である作品として著名なものに「考古学者佐久間玲子」シリーズ(2001〜2003年放映、日本テレビ)があげられる。佐久間玲子(宮本信子)は大学教授であるが、眼鏡をかけた独身中年で、どこか浮世離れしたキャラクターに描かれている。なお、このシリーズの考古学監修は昭和女子大学の小泉玲子氏である。また、このシリーズでは考古学者が主人公ということもあり、毎回実際の発掘現場とともに多くの考古学者が登場する。第1話『考古学者佐久間玲子1 裏切られ最後の恋を信じた女がバラバラ母子土偶と鳥のおまじないに秘めた嘘』(2001年放映、日本テレビ)は富山県が舞台で土偶にまつわる殺人事件の話である。佐久

図35 ララ・クロフト(アンジェリーナ・ジョリー)『トゥームレイダー』

図36 ジリアン・マグワイルド(ジュリー・グラハム)『ボーンキッカーズ』

図37 佐久間玲子(宮本信子)『考古学者佐久間玲子(1)』

間玲子（宮本信子）が東亜大学教授、岡野純平（田中実）が東亜大学講師、飯田正彦（室田日出男）が金沢清陵大学教授、松島秀明（上杉祥三）が北陸文化大学助教授で菊地忠（蛍雪次朗）が北陸文化大学講師という設定である。殺された松島助教授とその妻、そして義父である飯田教授をめぐる泥沼の関係が物語の中

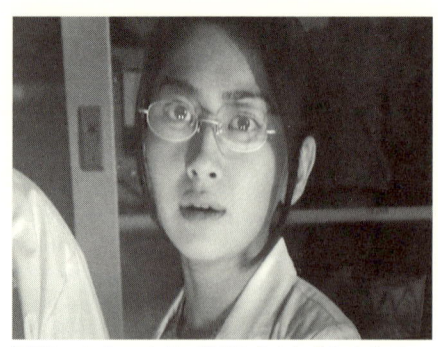

図38　吉井ユカリ（堀江奈々）『ウルトラマンコスモス』

心となっている。この作品での発掘現場における佐久間教授は女性作業員風の出で立ちであり、恩師である飯田教授はサファリ・ハットにサファリ・シャツである。第2話の『考古学者佐久間玲子2　邪馬台国の神の鏡が暴く朱塗り白骨の謎』（2002年放映、日本テレビ）は九州の唐津が舞台の三角縁神獣鏡にまつわる殺人事件で遺跡捏造が絡んだ話でもある。また、作品の中で吉野ヶ里遺跡も登場する。ここでは佐久間玲子（宮本信子）が東陵大学教授で岡野純平（田中実）が東陵大学講師、青柳恭一（小野寺昭）と梶井肇（寺田農）が九州文化大学教授、柴田直人（宮川一朗太）が九州文化大学助手という設定である。銅鏡（三角縁神獣鏡）を抱いた白骨死体が発掘現場から発見されたことが契機となり、9年前の遺跡捏造事件の真相が明らかになる。第3話の『考古学者佐久間玲子3　金印とヒスイの涙』（2003年放映、日本テレビ）は福岡が舞台で金印発見地から発見されたヒスイにまつわる殺人事件の話で、遺跡調査の資金稼ぎのために出土品を横流しする話も出てくる。佐久間玲子（宮本信子）が城南大学教授、工藤勝（マイク真木）が元福岡中央大学助手、片野久雄（石原良純）が遺跡の発掘助手という設定である。これ以外に女性考古学者が登場するテレビドラマ作品としては、佐久間玲子のような主人公ではないが『仮面ライダークウガ』（2000年、テレビ朝日）の沢渡桜子（村田和美）、『ウルトラマンコスモス』（2001年、毎日放送）の吉井ユカリ（堀江奈々）がともに城南大学考古学研究室に属している女性考古学者として登場する。

これに対し、アニメ作品では女性考古学者が登場する作品は少ないが、現代の若者に絶大な人気のある尾田栄一郎原作の『ワンピース』(1999年～放映、フジテレビ)のニコ・ロビン(声：山口由里子)や『ポケットモンスター ダイヤモンド&パール』(2006～2010年放映、テレビ東京)のシロナ(声：櫻井智)が女性考古学者である。このうちニコ・ロビンは考古学の聖地オハラに生まれ考古学の権威であるオハラ図書館館長のクローバー博士(声：北村弘一)の影響で考古学に興味を示し、なんと8歳で考古学者の仲間入りを果たしたという人物である(母親のニコ・オルビアも考古学者である)。常に冷静であるが『空島・黄金の鐘編』(2003・2004年放映、フジテレビ)で遺跡の破壊者と闘うニコ・ロビンの姿はアクション系の考古学者であり、『トゥームレイダー』のララ・クロフトとイメージの重なるキャラクターである。

ホラー映画とSF映画

1990年代と同様に、2000年代になってもホラー映画やSF映画に考古学者が登場することは多い。このうち、海外のホラー映画作品では、ブラッド・サイクス監督の『バイオ・アマゾネス』(2001年制作、日本未公開、アメリカ映画)のポール(ジェフ・マルケレッタ)、ジェームズ・アイザック監督の『ジェイソンX』(2002年公開、アメリカ映画)のロウ教授(ジョナサン・ポッツ)、レニー・ハーリン監督の『エクソシスト・ビギニング』(2004年公開、アメリカ映画)のフランシス神父(ジェームズ・ダーシー)、カーティス・ラドクリフ監督の『SICK HOUSE』(2007年制作、日本未公開、イギリス映画)のアンナ(ジーナ・フィリップス)などである。

これに対し、SF映画作品ではリチャード・ドナー監督の『タイムライン』(2004年公開、アメリカ映画)のジョンストン教授(ビリー・コノリー)、アンドレ・マレク助教授(ジェラルド・バトラー)、発掘調査員ケイト(フランシス・オコナー)、アンドレアス・エシュバッハの『イエスのビデオ』が原作のセバスチャン・ニーマン監督の『サイン・オブ・ゴッド』(2003年制作、日本

未公開、ドイツ映画）のステファン（マディアス・ケーベルリン）とウィルフォート教授（ハインリッヒ・ギスケス）が考古学者である。また、SF宇宙作品（スペースオペラ）でもスチュアート・ベアード監督の『スタートレックネメシス』（2003年公開、アメリカ映画）のジャン＝リュック・ピカード艦長（パトリック・スチュワート）、ポール・アンダーソン監督の『エイリアン VS. プレデター』（2004年公開、アメリカ映画）のセバスチャン（ラウル・ボヴァ）、シューティングゲームが原作のアンジェイ・バートコウィアク監督の『DOOM／ドゥーム』（2006年公開、アメリカ・チェコ映画）のサマンサ・グリム（ロザムンド・パイク）のように海外映画作品にはSF宇宙作品に多くの考古学者が登場する。

これに対し、日本映画では、ホラー映画に考古学者が登場する作品として、まず諸星大二郎のコミック「生命の木」の実写版映画である小松隆志監督の『奇談』（2005年公開、ザナドゥー）があげられる。異端の考古学者である稗田礼二郎を阿部寛が演じているが、黒いスーツ姿は原作と同じであるがコミックでの怪しい考古学者というイメージとはやや異なる。ここでは主人公の大学院生・佐伯里美（藤澤恵麻）は考古学ではなく民俗学を専攻しており、「古代史（考古学）の謎」に「民俗学の怪しさ」が加わってホラー効果をあげている。なお、同じく諸星大二郎原作で塚本晋也監督の『ヒルコ　妖怪ハンター』（1991年公開、松竹富士）では稗田礼二郎を沢田研二

図39　エドワード・ジョンストン教授（ビリー・コノリー）『タイムライン』

図40　稗田礼二郎（阿部寛）『奇談』

が演じている。また、黒沢清監督の『LOFT』(2006年公開、ファントム・フィルム)では考古学者で相模大学教授の吉岡誠を豊川悦司が演じており、千年前の女性のミイラが登場する。SF映画ではイ・シミョン監督の『ロスト・メモリーズ』(2004年公開、日本・韓国映画)で今村昌平監督が考古学者を演じているが、最近のわが国ではSF映画に考古学者が登場する作品は少ないようである。

このように、ホラー映画やSF映画と不気味で謎めいた遺跡・遺物やそれを発掘する考古学者は相性がいいため、2000年代になっても多くの作品に考古学者が登場している。

変身ヒーロードラマと戦隊ドラマ

1990年代と同様に、2000年代になってもわが国のテレビドラマでは変身ヒーロードラマや戦隊ドラマに多くの考古学者が登場する。このうち、変身ヒーロードラマでは石ノ森章太郎原作の『仮面ライダークウガ』(2000年放映、テレビ朝日)で主人公五代雄介(オダギリジョー)の友人で城南大学考古学研究室の大学院生である沢渡桜子(村田和美)と長野山中の九郎ヶ岳の遺跡で未確認生命体に殺された夏目幸吉教授(久保酎吉)、『ウルトラマンコスモス』(2001・2002年放映、毎日放送)の「第10話　青銅の魔神」と「第34話　海神の怒り」では、ドイガキ隊員(須藤公一)の大学の後輩で城南大学考古学研究室研究員の吉井ユカリ(堀江奈々)、『ウルトラマンマックス』(2005年放映、TBS)では「第11話　バラージの預言」にシルクロード文明研究者の坂田裕一教授(タケ・ウケタ)と考古学者のヨシナガ教授(桜井浩子)、「第19話　扉より来たるもの」にオザキ・タケル博士(森次晃嗣)とヨシナガ教授が登場する。

戦隊ドラマでは『轟轟戦隊ボウケンジャー』(2006・2007年放映、テレビ朝日)で牧野森男(斎木しげる)と五十嵐半蔵(不破万作)が考古学者という設定である。ボウケンジャーは元々トレジャーハンターであり、「プレシャス」

という秘宝を探すことが全体のテーマになっている。ここで登場する五十嵐半蔵（不破万作）はわがままな考古学者であるが、その服装はサファリルックである。また、これらの変身ヒーロードラマや戦隊ドラマに登場する遺跡は洞窟であることが多く、採石場や地下壕でロケが行われていたようである。このように、わが国では子ども向けの変身ヒーロードラマや戦隊ドラマに考古学者が頻繁に登場しており、それが大人になるまで確かな記憶に残っているかどうかは別として、少なくとも、一定のイメージ像をもつに充分な情報や、具体的な画像を提供し続けてきたことがわかる。わが国では幼い子どもから高齢者に至るまでテレビドラマを通じて度々、考古学者に接しているのである。

第5章　考古学者像の変貌

　既に述べてきたように、一般の人々が抱く考古学者像に対して、映画やアニメなどの作品が強い影響を与えてきた。また、当然のことながら、その傾向は作品が公開・放映された時期や考古学者が登場した作品のジャンルによって異なるが、そのことは世代や好んで見ていた作品のジャンルによって考古学者像に差異がみられることを意味する。その一方で、第1章の学生へのアンケート結果が示すように、同一世代では比較的共通した考古学者像が構築されていることも事実である。そこで、本章では現在まで著者が収集した作品データをもとに考古学者が登場するジャンルや、そこに描かれる考古学者像について検討することとする。

考古学者が登場する映画のジャンル

　まず、考古学者が登場する外国映画のジャンルについて検討する。1930年代から2000年代に至る外国映画に考古学者が登場する作品は82作品あるが、そのジャンルはアクション映画、アドベンチャー映画、SF映画、コメディ映画、スパイ映画、青春映画、戦争映画、パニック映画、ヒューマンドラマ映画、ホラー映画、ミステリー映画、歴史映画、恋愛映画と実に多彩である。このうち、1930年代～1950年代の外国映画に考古学者が登場する作品は6作品ある。SF映画、ヒューマンドラマ映画、ホラー映画、恋愛映画に考古学者が登場し、このうちホラー映画と恋愛映画が2作品ある。次に、1960年代～1970年代の外国映画に考古学者が登場する作品は11作品ある。SF映画、戦争映画、ホラー映画、ミステリー映画、歴史映画、恋愛映画に考古学者が登場するが、このうちSF映画とホラー映画は3作品と多くミステリー映画も2作品ある。

それが1980年代～1990年代になると状況が大きく変化する。まず、この時期の外国映画に考古学者が登場する作品は24作品と増加している。ジャンルではアドベンチャー映画、SF映画、コメディ映画、スパイ映画、ヒューマンドラマ映画、ホラー映画、ミステリー映画、恋愛映画に考古学者が登場するが、このうちアドベンチャー映画が7作品、SF映画が6作品、ホラー映画が5作品と特に多い。そして、2000年代の外国映画に考古学者が登場する作品は10年間で41作品とさら増加している。アクション映画、アドベンチャー映画、SF映画、コメディ映画、青春映画、パニック映画、ヒューマンドラマ映画、ホラー映画、ミステリー映画、歴史映画に考古学者が登場し、このうち、アドベンチャー映画が19作品と全体の約半数を占める。次いでホラー映画が6作品、SF映画が5作品と多く、他にはアクション映画とヒューマンドラマ映画が各3作品となっている。

　次に、作品の中で考古学者が主人公あるいはそれに近い役柄となっている外国映画について検討すると、1930年代～1950年代の作品では『ミイラ再生』（1932年制作、アメリカ映画）とそのリメイク作品の『ミイラの幽霊』（1959年公開、イギリス映画）くらいであるが、1960年代～1970年代の作品では『アラビアのロレンス』（1963年公開、アメリカ映画）、「猿の惑星」シリーズ（1968・70・71年公開、アメリカ映画）、『女王テラの棺』（1971年制作、日本未公開、イギリス映画）などがあり、作品数では全体の半数を越える。これに対し、1980年代～1990年代の作品では「インディ・ジョーンズ」シリーズ（1981・84・89年公開、アメリカ映画）、『スフィンクス』（1981年公開、アメリカ映画）、「スタートレック」シリーズ（1994・97・99年公開、アメリカ映画）、『イングリッシュ・ペイシェント』（1997年公開、アメリカ映画）、『冒険王』（1997年公開、香港映画）、『ハムナプトラ　失われた砂漠の都』（1999年公開、アメリカ映画）など全体の3分の2程度に増加している。さらに、2000年代になると考古学者が主人公あるいはそれに近い役柄となっている外国映画はさらに増加している。『ハムナプトラ2　黄金のピラミッド』（2001年公開、アメリカ映画）、「トゥームレイダー」シリーズ（2001・2003年公開、アメリカ映画）、

『タイムライン』（2004年公開、アメリカ映画）、『沈黙の標的』（2004年公開、アメリカ映画）、『THE MYTH　神話』(2006年公開、香港映画)、『インディ・ジョーンズ　クリスタル・スカルの王国』（2008年公開、アメリカ映画）、『ハムナプトラ3　呪われた皇帝の秘宝』（2008年公開、アメリカ映画）など全体の4分の3程度である。

　このうち、考古学者が物語の中心となる主人公を演じている作品は『アラビアのロレンス』（1963年公開、アメリカ映画）、「インディ・ジョーンズ」シリーズ（1981・84・89・2008年公開、アメリカ映画）、「トゥームレイダー」シリーズ（2001・2003年公開、アメリカ映画）、「スタートレック」シリーズ（1994・97・99・2003年公開、アメリカ映画）など全体の半数ほどであり、1960年代以降その割合はほぼ一定である。ただし、これらの考古学者の中には考古学者と誤解されている他の専門分野の主人公も多くみられる。特に、1960年代から1970年代にかけて多く、『アラベスク』（1966年公開、アメリカ映画）のボロック（グレゴリー・ペック）や『スフィンクス』（1981年公開、アメリカ映画）の主人公エリカ・バロン（レスリー・アン・ダウン）は古代言語学者、『赤い影』（1983年公開、イギリス・イタリア映画）の主人公ジョン・バクスター（ドナルド・サザーランド）は古建築の修復師、『アイスマン』（1984年公開、アメリカ映画）の主人公スタンリー・シェパード（ティモシー・ハットン）は人類学者、また「トゥームレイダー」シリーズ（2001・2003年公開、アメリカ映画）の主人公ララ・クロフト（アンジェリーナ・ジョリー）もトレジャー・ハンターであり、厳密には考古学者とは言えない。

　このように、1930年代から2000年代に至る外国映画に考古学者が登場する作品を公開年順に検討すると、古くからホラー映画やSF映画に考古学者が登場し、その傾向は現在でもみられること、1960年代からはミステリー映画にも考古学者が登場するようになり、その後も多くみられることがわかる。これに対し、1980年代になるとアドベンチャー映画に考古学者が登場する作品が出現し、2000年代になると全体の半数ほどを占めるほどになっている。これは考古学者が学者というよりもトレジャーハンターとして認識されるようになってき

78

欧米作品　　日本作品（アニメ含む）

	欧米作品	日本作品（アニメ含む）
1960年代		科学者
1970年代	ミイラ・呪い・ホラー	学者肌・変人
1980年代		探偵
1990年代	冒険家 トレジャーハンター	女性 / 妖怪ホラー / やさしい父親
2000年代	宇宙SF	発掘調査員

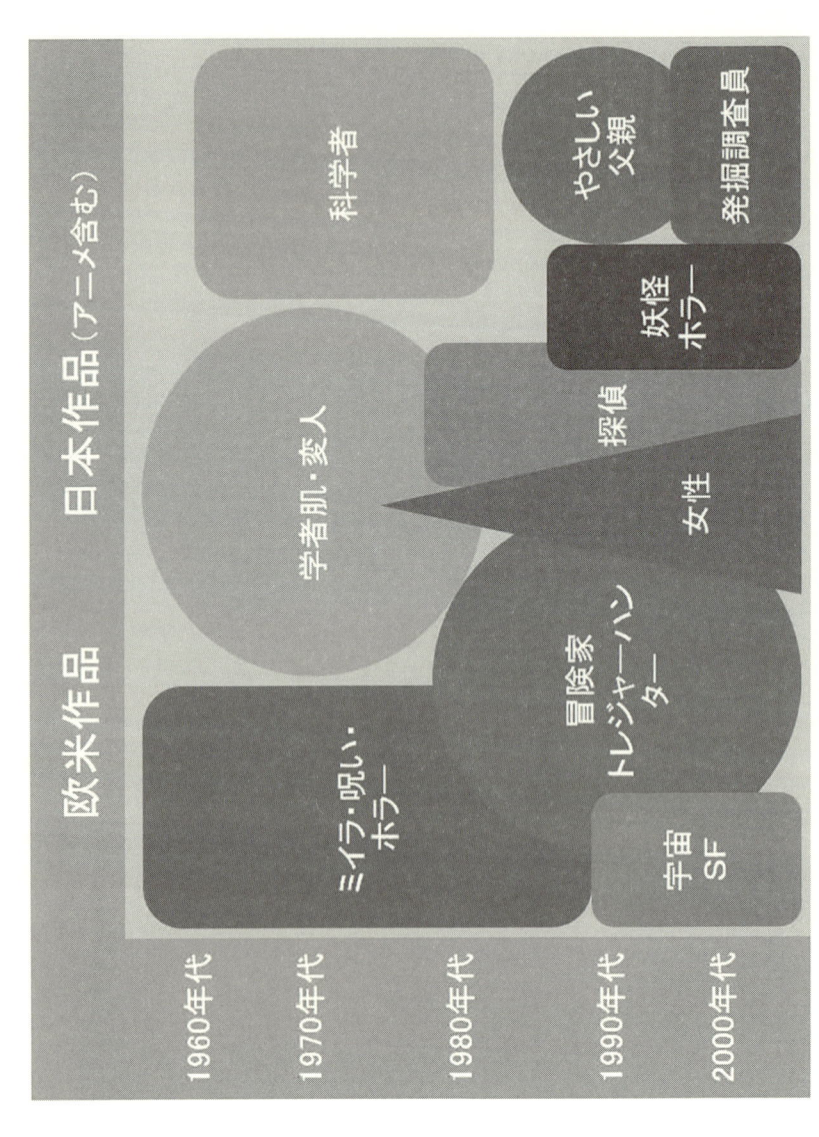

図41　考古学者イメージの変遷1

第5章 考古学者像の変貌 79

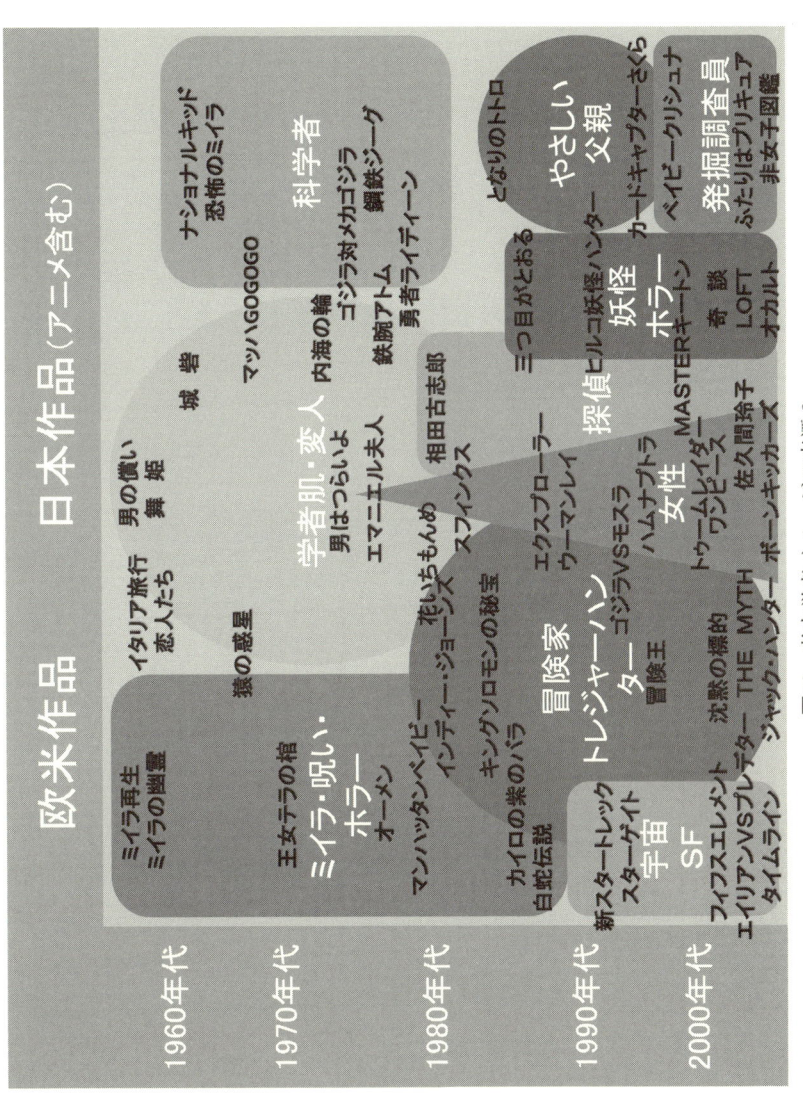

欧米作品　日本作品（アニメ含む）

1960年代
ミイラ再生
ミイラの幽霊
イタリア旅行
恋人たち
男の償い
舞姫
猿の惑星
ナショナルキッド
恐怖のミイラ
マツハGOGOGO

1970年代
王女デラの棺
ミイラ・呪い・
ホラー
オーメン
学者肌・変人
男はつらいよ
エマニエル夫人
内海の輪
科学者
ゴジラ対メカゴジラ
鋼鉄ジーグ
ゴジラ対アトム
勇者ライディーン

1980年代
マンハッタン・ベイビー
インディー・ジョーンズ
キングソロモンの秘宝
カイロの紫のバラ
白蛇伝説
狼少年ケン
スフィンクス
相田吉志郎
三つ目がとおる
となりのトトロ

1990年代
新スタートレック
スターゲイト
宇宙
SF
冒険家
トレジャーハンター
ゴジラVSモスラ
冒険王
エクスプローラー
ウーマンレイ
ハムナプトラ
女性
探偵ビル妖怪ハンター
妖怪
ホラー
MASTERキートン
やさしい
父親
カードキャプターさくら

2000年代
フィフスエレメント
沈黙の標的 THE MYTH
エイリアンVSプレデター
タイムライン
トゥームレイダース
ジャックハンター・ボーンキングダム
佐久間除子
奇談
LOFT
オカルト
ベイビー・クリシュナ
発掘調査員
ぶたいはプリキュア
非女子図鑑

図42　考古学者イメージの変遷2

たことを意味しているが、その契機となった作品が「インディ・ジョーンズ」シリーズであることは明らかであり、海外作品におけるその影響の大きさが窺える。また、考古学者はホラー映画やSF映画と結びつきやすい存在であるが、これは考古学者のイメージというよりも考古学者が扱っている遺跡や遺物（ミイラも含む）が一般の人々にとって不気味な存在であり、ホラー映画やSF映画に恰好の題材を提供することを意味している。

　これに対し、日本映画作品については次のような傾向を指摘することができる。まず、1930年代から2000年代に至る日本映画に考古学者が登場する作品は海外作品より少なく23作品であるが、ジャンルではSF映画、怪獣・特撮映画、コメディ映画、サスペンス映画、戦争映画、パニック映画、ヒューマンドラマ映画、文芸映画、ホラー映画、ミステリー映画、歴史映画、恋愛映画と多彩である。このうち、1930年代～1950年代の日本映画に考古学者が登場する作品は2作品でともに文芸映画である。次に、1960年代～1970年代の日本映画に考古学者が登場する作品は3作品あり、怪獣・特撮映画、コメディ映画、サスペンス映画に考古学者が登場しているが、数が少ないためその傾向は指摘できない。その後、1980年代～1990年代の日本映画に考古学者が登場する作品は7作品と若干増加し、怪獣・特撮映画、コメディ映画、戦争映画、ヒューマンドラマ、ホラー映画、ミステリー映画に考古学者が登場し、そのジャンルの幅を広げている。そして、2000年代の日本映画に考古学者が登場する作品は10作品とさら増加している。SF映画、コメディ映画、パニック映画、ヒューマンドラマ映画、ホラー映画に考古学者が登場しているが、コメディ映画が4作品、ホラー映画が3作品とやや多い傾向がみられる。

　次に、登場する考古学者が主人公あるいはそれに近い役柄となっている日本映画は、全体の4分の3近くを占める。しかし、外国映画の「インディ・ジョーンズ」シリーズのインディ・ジョーンズのような物語の中心となる主人公を演じている作品は半数ほどであり、古くは文芸映画、最近ではホラー映画やコメディ映画にその傾向がみられる。

　このように、日本映画作品の場合、考古学者が登場する作品のジャンルが分

散しており顕著な傾向はみられないが、『男の償い』(1937年公開、松竹)や『舞姫』(1951年公開、東宝)など古くは文芸映画に登場し、1960年代以降は様々なジャンルの映画に登場するようになり、最近ではコメディ映画やホラー映画に多く登場するという傾向が指摘できる。そこでは、『男はつらいよ　葛飾立志篇』(1975年公開、松竹)の田所教授(小林桂樹)のように変人として描かれたり、『ヒルコ　妖怪ハンター』(1991年公開、松竹富士)の稗田礼二郎(沢田研二)のように怪しい学者として描かれるなど、作品によって描かれ方は様々である。また、外国映画作品と比較するとアドベンチャー映画に考古学者が登場しないことが大きな違いであるが、『ゴジラ対モスラ』(1992年公開、東宝)の藤戸拓也(別所哲也)や『ヤッターマン』(2009年公開、松竹＝日活)の海江田博士(阿部サダヲ)のように1990年代以降になると、登場人物が「インディ・ジョーンズ」シリーズの影響を受けた作品が登場するようになってくる。

考古学者が登場するテレビドラマのジャンル

　わが国で制作された考古学者が登場するテレビドラマについては、次のような傾向がみられる。まず、わが国のテレビドラマの黎明期である1960年代から2000年代に至るテレビドラマに考古学者が登場する作品は63作品ある。このうち、1960年代〜1970年代に考古学者が登場するテレビドラマは8作品と少ないが、ジャンルでは変身ヒーロードラマが3作品と最も多く、次に文芸ドラマが3作品、他にはホラードラマ、戦隊ドラマが各1作品となっている。わが国の初期の子ども向けテレビドラマには「ヒーローもの」が多くみられるが、その中の一つである『ナショナルキッド』(1960・61年放映、日本教育テレビ)の主人公旗竜作(小嶋一郎・巽秀太郎)が考古学者という設定である。ただし、この時期には主人公が考古学者という設定のテレビドラマは稀である。これが1980年代になると、考古学者が登場するドラマは11作品に増え、主人公が考古学者という設定のドラマも増えてくる。ジャンルでは多くのミステリードラマ

に考古学者が登場するようになり、他にはサスペンスドラマ、刑事ドラマ、魔法少女ドラマに考古学者が登場するが、ミステリードラマ8作品はすべて愛川欽也が相田古志郎を演じる「考古学者相田古志郎」シリーズである。同作品は1981年から1997年にかけて放映されており、サングラスと口髭の考古学者相田古志郎が発掘された遺物をヒントにして殺人事件のトリックを解明することで考古学と現代の殺人事件が結びついており、このドラマによって遺跡や遺物から過去の出来事を明らかにする考古学者が現代の殺人事件を解決するという設定がわが国のテレビドラマに定着したと思われる。1990年代では19作品に考古学者が登場するがジャンルでは、ミステリードラマが12作品(このうち11作品が「考古学者相田古志郎」シリーズである)と突出しており、その他に探偵ドラマが2作品、サスペンスドラマ、青春ドラマ、戦隊ドラマ、変身ヒーロードラマ、ヒューマンドラマが各1作品となっている。また、この時期のテレビドラマ作品で主人公が考古学者という設定はミステリードラマに限定される。さらに、1980年代〜1990年代にわが国で放映された考古学者が登場する海外作品が多くなる。SFドラマの「新スタートレック(TNG)」シリーズ(1987〜94年アメリカ放映、アメリカ作品)、アガサ・クリスティー原作の「名探偵ポアロ」シリーズ(1991〜93年放映、NHK、イギリス作品)をはじめ、SFドラマの『Xファイル』(1996年放映、テレビ朝日、アメリカ作品)などである。

　2000年代になると25作品に考古学者が登場するようになる。ジャンル別では、1990年代と同じく「考古学者佐久間玲子」シリーズ(2001〜2003年放映、日本テレビ)に代表されるミステリードラマが7作品と最も多く、続いて『仮面ライダークウガ』(2000年放映、テレビ朝日)や『ウルトラマンコスモス』(2001・2002年放映、毎日放送)などの変身ヒーロードラマと『TRICK 3 episode 2　瞬間移動の女』(2003年放映、テレビ朝日)や『鹿男あをによし』(2008年放映、フジテレビ)などのコメディドラマが4作品、刑事ドラマが3作品、科学ドラマ、サスペンスドラマ、ヒューマンドラマ、変身ヒーロードラマが2作品、戦隊ドラマ、探偵ドラマが各1作品となっている。このうち主人公が考古学者のテレビドラマは「考古学者佐久間玲子」シリーズ(2001〜2003

年放映、日本テレビ）と松本清張原作の『内海の輪』（2001年放映、日本テレビ）くらいである。これに対し、海外作品ではアドベンチャードラマの『レリック・ハンター』（2000・2002年放映、NHK、カナダ・フランス作品）、探偵ドラマの『名探偵ポアロ　メソポタミア殺人事件』（2002年放映、NHK、イギリス作品）、ミステリードラマの『ボーンズ』（2006年より放映、TBS・テレビ朝日、アメリカ作品）や『ボーンキッカーズ』（2009年放映、AXN、イギリス作品）など世界的に人気を博したドラマに考古学者が登場している。

　このように、考古学者が登場するわが国のテレビドラマは、初期の1960年代〜1970年代には変身ヒーロードラマが中心であったが、その人物が考古学者である必然性はなく、ヒーローでありながら優秀な学者でもあることが重要であると思われる。

　これが1980年代になると、考古学者が登場するテレビドラマはミステリードラマが中心となる。これは過去の謎を探求する考古学者と現在の殺人事件の謎ときが行われるミステリードラマとの相性が良かったことがその原因と考えられる。その後の1990年代になってもこの傾向は続くが、この時期になると探偵ドラマにも考古学者が登場するようになる。ミステリードラマと探偵ドラマは「謎とき」という部分で相通ずるものがある。また、考古学の調査手法が警察の鑑識の方法に似ているということも良く言われることである。そして、2000年代になると考古学者が登場するテレビドラマは急増する。ジャンル別ではミステリードラマが最も多い点は1980年代〜1990年代と同様であるが探偵ドラマ、刑事ドラマ、科学ドラマ、サスペンスドラマ、戦隊ドラマ、変身ヒーロードラマなどジャンルも増えている。さらに、この時期の海外映画作品ではアドベンチャー映画が主流となるが、わが国のテレビドラマには考古学者が登場するアドベンチャードラマは存在せず、ミステリードラマが主体となる点は興味深い傾向である。

考古学者が登場するアニメのジャンル

　考古学者が登場するわが国のアニメでは、1960年代～1970年代に考古学者が登場するアニメ作品（アニメ映画作品も含む）は8作品と少なく、ジャンルでは『宇宙少年ソラン』（1965～67年放映、TBS）などのSFアニメが過半数を占める。1970年代になると『鋼鉄ジーグ』（1975・76年放映、日本教育テレビ）などのロボットアニメや変身ヒーローアニメが登場し、1980年代になると考古学者が登場するテレビドラマは14作品に増加する。ジャンルでは『伝説巨神イデオン』（1980・81年放映、テレビ東京）などのロボットアニメが4作品、『鉄腕アトム』（1981年放映、日本教育テレビ）などのSFアニメが3作品、『エスパー魔美』（1987～89年放映、テレビ朝日）などの魔法少女アニメが2作品、『悪魔島のプリンス　三つ目がとおる』（1985年放映、日本テレビ）などのオカルトアニメが2作品であり、その他にもアクションアニメ、ファンタジーアニメ、アドベンチャーアニメに登場し、様々なジャンルのアニメに考古学者が登場するようになる。また、この頃のアニメ作品では、主人公が考古学者という作品は少なく、『禁断の黙示録　クリスタル・トライアングル』（1987年発売、ソニービデオソフトウェア）や『エクスプローラーウーマン・レイ』（1989年発売、東芝映像ソフト）くらいであるが、ロボットアニメの『鋼鉄ジーグ』（1975・76年放映、日本教育テレビ）、『勇者ライディーン』（1975・76年放映、日本教育テレビ）、『魔境伝説アクロバンチ』（1982年放映、日本テレビ）、『巨神ゴーグ』（1984年放映、テレビ東京）、さらには映画『となりのトトロ』（1988年公開、東宝）など父親が考古学者という設定が多くみられる。

　さらに、1990年代になると21作品に考古学者が登場するようになり、ジャンルもさらに多様化する。『大草原の小さな天使　ブッシュベイビー』（1992年放映、フジテレビ）や『ワンピース』（1999年から放映、フジテレビ）などのアドベンチャーアニメが6作品、映画『スプリガン』（1998年公開、東宝）などのアクションアニメが4作品と多く、『金田一少年の事件簿』（1998・99年放

映、日本テレビ）などの探偵アニメ、『魔法のプリンセス　ミンキーモモ第2作』（1991・92年放映、日本テレビ）などの魔法少女アニメ、『∀ガンダム』（1999・2000年放映、フジテレビ）などのロボットアニメ、『HUNTER × HUNTER』（1999〜2001年放映、フジテレビ）などのバトルアニメが2作品、オカルトアニメ、ギャグアニメ、ミステリーアニメが各1作品となっている。このうちアドベンチャーアニメやアクションアニメが主体を占めるようになった理由として、「インディ・ジョーンズ」シリーズの影響が想定される。これに対し、考古学者が主人公であり、わが国の考古学者イメージの形成に影響を与えたと推測されるアニメ作品として『MASTERキートン』（1998・99年放映、日本テレビ）がある。また、1980年代と同様に『カードキャプターさくら』（1998〜2000年放映、NHK）や『未来少年コナンⅡ　タイガアドベンチャー』（1999・2000年放映、TBS）など父親が考古学者という設定が目立つことも特徴としてあげられる。

　最後に2000年代になると32作品とさらに多くのアニメ作品に考古学者が登場し、そのジャンルもさらに多様化する。ジャンル別では、『ポケットモンスター』（1997年から放映、テレビ東京）などのアドベンチャーアニメが6作品、『ラーゼフォン』（2002年放映、フジテレビ）などロボットアニメが5作品、『名探偵ポアロとマープル』（2004年放映、NHK）など探偵アニメが4作品と多く、次いで『舞-HiME』（2004・2005年放映、テレビ東京）など学園アニメ、映画『ドラえもん　のび太と翼の勇者たち』（2001年公開、東宝）などSFアニメが3作品、さらにアクションアニメ、バトルアニメ、魔法少女アニメ、ファンタジーアニメがそれぞれ2作品、医療アニメ、ギャグアニメ、戦争系アニメが各1作品となっている。この時期には1970年代以来続くロボットアニメに考古学者が登場する傾向が継続すること、1990年代以来の映画「インディ・ジョーンズ」シリーズの影響によるアドベンチャーアニメや『金田一少年の事件簿　出雲神話殺人事件』（2000年放映、日本テレビ）などに代表される探偵アニメに考古学者が登場するという傾向がみられる。また、主人公やそれに近い人物が考古学者という設定は、最終話で東大助教授となる『ラブひ

な』（2000年放映、テレビ東京）の浦島景太郎（声：上田祐司）や主人公の母親である『ふたりはプリキュア Splash ★ Star』（2006・2007年放映、テレビ朝日）の美翔可南子（声：日下由美）、さらには映画『レイトン教授と永遠の歌姫』（2009年公開、東宝）のエルシャール・レイトン（声：大泉洋）くらいであり、意外と少ない。いずれにしろ、この時期には実に様々なジャンルのアニメに考古学者が登場しており、現在では膨大な量のアニメ作品が制作される中で、考古学者が登場する作品を探すことが困難になりつつあるというのが現状である。

　このように、考古学者が登場するアニメは、初期の1960年代〜1970年代にはSFアニメが主流であったが、1970年代になってロボットアニメが登場し、ロボットアニメは1980年代には最も作品数の多いジャンルになる。また、この頃の考古学者は学者あるいは科学者のイメージで捉えられる傾向が強かった。1980年代には魔法少女アニメやオカルトアニメにも考古学者が登場するようになるなど様々なジャンルのアニメ作品に考古学者が登場するようになるが、1980年代末にはファンタジーアニメに分類した『となりのトトロ』（1988年公開、東宝）でわが国独自の「やさしいお父さん考古学者像」が成立した。その後も考古学者が登場するアニメ作品のジャンルは多様化していくが、1990年代になると『ワンピース』（1999年から放映、フジテレビ）のニコ・ロビンのようにアドベンチャーアニメに考古学者が登場するようになる。これが2000年代になると、考古学者が登場するアニメ作品の増加とともにジャンルはさらに多様化し、その結果突出したジャンルはなくなり、アニメの世界で考古学者の存在が日常化していった。

　考古学者像の変貌

　以上、検討したように、映画、テレビドラマ、アニメという映像娯楽メディアによって考古学者が登場するジャンルや描かれ方は若干異なるが、次のような傾向は指摘できる。

まず、考古学者が登場する外国映画については、初期の作品ではミイラやホラー映画と考古学者の結びつきが強いが、これには1922年にエジプトの「王家の谷」からツタンカーメン王の墓が発掘されたことが影響している。その後1960年代になるとSF映画で考古学者が登場することが多くなるが、1980年代になると「インディ・ジョーンズ」シリーズの影響によりアドベンチャー映画に考古学者が登場するようになる。また、インディ・ジョーンズやララ・クロフトなど主人公が考古学者という設定が増えてくるのも1980年代以降である。これに対し、考古学者が登場する日本映画は、初期には文芸映画が中心であったが、1950年代〜1960年代になると、怪獣・特撮映画、コメディ映画、サスペンス映画に登場するようになる。その後、考古学者が登場する日本映画のジャンルは増えていくが、そのジャンルは分散しており、特に顕著な傾向はみられない。考古学者が登場するテレビドラマについては、初期には変身ヒーローものが中心であったが、1980年代になるとミステリードラマが中心となり、1990年代になると探偵ドラマにも多く考古学者が登場するようになるが、その多くが過去の謎を解く考古学者が現代の殺人事件を解明するという設定である。2000年代になると、考古学者が登場するテレビドラマはさらに増加し、作品のジャンルも多様になるが、海外作品ではアドベンチャー系の考古学者が頻繁に登場するようになる。

　最後に、考古学者が登場するアニメについては、初期にはSFアニメが主流であり、1970年代になってロボットアニメが登場する。1980年代になると魔法少女アニメやオカルトアニメにも考古学者が登場するようになり、ジャンルも多様化するが、1980年代末に『となりのトトロ』（1988年公開、東宝）で草壁タツオ（声：糸井重里）という「やさしいお父さん考古学者像」が成立する。その後、1990年代になるとアドベンチャーアニメに考古学者が登場するようになり、2000年代になるとジャンルはさらに多様化する。

　このように、初期の外国映画作品ではホラー映画に考古学者が登場することが多く、「インディ・ジョーンズ」シリーズの登場によってアドベンチャー作品に考古学者が登場するようになったが、その影響は1990年代にわが国のアニ

メ作品、2000年代に海外のテレビドラマ作品に現れている。これに対し、わが国のテレビドラマ作品では1980年代以降になるとミステリードラマや探偵ドラマに考古学者が登場する傾向がみられ、「考古学者相田古志郎」シリーズが考古学者とミステリードラマを結びつける重要な役割を果たしたが、その背景に「考古学＝謎解き」というイメージがあると推測される。さらにわが国のアニメ作品では初期にSFアニメやロボットアニメに考古学者が登場するが、1980年代になると魔法少女アニメ・オカルトアニメなどジャンルが多様化した。『となりのトトロ』（1988年公開、東宝）によってわが国独自の考古学者イメージである「やさしいお父さん考古学者像」が成立したのもこの時期であり、その後のいくつかの作品にこのイメージが反映されている。このように映画、テレビドラマ、アニメなどの映像娯楽作品の場合、特定の作品がその後の作品の考古学者像を決定する契機となることがある。

　このように、映像娯楽作品における考古学者像の変貌について検討してみると、アドベンチャー系考古学者の受容のされ方にみられるように、海外作品と日本作品、さらには映画・テレビドラマ・アニメといったメディアの違いによって考古学者像が異なっていることがわかる。当然のことながらこの背景には、文化や国民性の違い、作品を鑑賞する世代の違い、さらにはそれぞれのメディアの映像表現技術の問題があると思われる。しかしながら、現代のポピュラー・カルチャー（大衆文化）の中ではそれらのメディアの違いを超えて影響を与える考古学者のキャラクターも存在している。その波及効果は絶大であり、一種の社会現象を起こしながら現代社会における考古学者像を決定する力を持っていることも事実である。

第6章　映画・テレビドラマ・アニメ作品の中の遺跡

映画作品の中の遺跡

　これまでは映画やテレビドラマやアニメに登場する考古学者像について検討してきたが、実は考古学者は登場しないが遺跡が登場する作品（古代を描いた作品には遺跡のかつての姿が表現されている）は非常に多く、その全貌を把握することは難しいというのが現状である。

　遺跡が登場する作品といえば外国の歴史映画や伝記映画がまず思い浮かぶ。1920年代から1940年代ではフレッド・ニブロ監督の『ベン・ハー』（1928年公開、アメリカ映画）、アーネスト・シュードザック監督の『ポンペイ最後の日』（1935年制作、日本未公開、アメリカ映画）、ガブリエル・パスカル監督の『シーザーとクレオパトラ』（1945年制作、1950年公開、イギリス映画）などが有名な作品である。1950年代以降の作品では、セシル・デミル監督の『十戒』（1958年公開、アメリカ映画）、ウィリアム・ワイラー監督の『ベン・ハー』（1960年公開、アメリカ映画）、スタンリー・キューブリック監督の『スパルタカス』（1960年公開、アメリカ映画）、さらにジョセフ・マンキウィッツ監督の『クレオパトラ』（1963年公開、アメリカ映画）やアンソニー・マン監督の『ローマ帝国の滅亡』（1964年公開、アメリカ映画）などがある。これらの作品は制作された年代によってセットや小道具の出来、さらには映像表現技術によってリアリティの度合いが異なるが、1950年代以降の作品は膨大な制作費をつぎ込んだ大作が多く、SFXなどの映像加工技術が発達した現代でも見応えある作品ばかりである。

　ただし、これらの作品はあくまで過去を再現した作品であり、厳密には遺跡

が登場する作品とは言えない。本来の遺跡が登場する外国映画作品としてあげられるのが、ポンペイの遺跡が登場するハーバート・ロス監督の『チップス先生さようなら』(1969年公開、アメリカ映画)、ピラミッドなどエジプトの遺跡が登場するアガサ・クリスティー原作でジョン・ギラーミン監督の『ナイル殺人事件』(1978年公開、アメリカ映画)、グアテマラのティカル遺跡が登場するルイス・ギルバート監督の『007　ムーンレイカー』(1979年公開、イギリス映画)、歴史学者が娘を連れてイタリア・ギリシャ・トルコ・エジプトの遺跡を巡るマノエル・ド・オリヴェイラ監督の『永遠の語らい』(2004年公開、フランス映画)、チェ・ゲバラの伝記映画でありマチュピチュの遺跡が登場するウォルター・サレス監督の『モーターサイクル・ダイアリーズ』(2004年公開、イギリス・アメリカ・ドイツ・アルゼンチン・ペルー映画)などであり、海外作品では恋愛映画やヒューマンドラマ映画に遺跡が多く登場している。これらの作品を見ると、遺跡に歴史の重みが感じられ、遺跡と登場人物の人生が重ね合わせられていることがわかる。

　遺跡の役どころ

　このように映画作品に登場する遺跡がその作品のテーマや流れの中で重要な役割を演じていることがあり、現代の日常生活の中で明らかに異質な存在である遺跡を敢えて登場させた監督の意図が読み取れることがある。
　例えば、ロベルト・ロッセリーニ監督の『イタリア旅行』(1954年制作、1988年公開、イタリア・フランス映画)という作品がある。ロンドンに住む離婚寸前の会社役員の夫婦がイタリアを訪れ、遺跡や観光地をめぐり、最後は夫婦愛を取り戻す話であるが、作品の中で火山灰に埋もれたローマ時代の遺跡として世界的に有名であるイタリアのポンペイの発掘現場のシーンが夫婦関係の和解に重要な役割を果たしている。ポンペイでは火山灰層の空洞に石膏を流し込んで遺体の型取りをすることで有名であるが、この作品では一緒に亡くなった夫婦の石膏型が発掘されるシーンが夫婦愛を取り戻すために効果的に使用さ

れている。また、この作品では主人公の叔父の友人トニー・バートン（アントニー・ラ・ベンナ）という大学で考古学を専攻しポンペイ研究を専門としている考古学者が登場するが、彼は主人公とポンペイの遺跡を結びつける重要な役割を担っている。

次に、2011年に最新作が公開された「猿の惑星」シリーズ第1作のフランクリン・J・シャフナー監督の『猿の惑星』（1968年公開、アメリカ映画）にコーネリアス（オスのチンパンジー）という考古学者が登場する。この作品は類人猿に支配された西暦3978年の地球にタイムスリップした宇宙飛行士の物語であるが、主人公のテイラー（チャールストン・ヘストン）がその惑星が未来の地球であったことを知るラストシーンへと巧妙に繋げる遺跡の発掘現場のシーンがある。そこでは層位発掘によって類人猿の文化層の下に人類の文化層が存在することが示されることにより物語に考古学的（科学的）な根拠が与えられている。また、主人公のテイラーが出土遺物（眼鏡や人工心臓）から遺物使用者の身体的特徴について解釈を加えているシーンも興味深い。いずれにしろ、こ

図43　『猿の惑星』（1968年）の遺跡発掘現場シーン

の発掘現場のシーンはその惑星が未来の地球であることを暗に示しており、遺跡は衝撃的なラストシーンへと繋ぐ重要な役割を担っているのである。このように遺跡の発掘現場が物語の核心部分に使用される背景に考古学が過去の歴史を実証的に解明する学問であり、発掘調査はその具体的な方法として認識されていることが窺える。

　これに対し、わが国の映画作品で遺跡が効果的に使用されている作品に大岡昇平原作で溝口健二監督の『武蔵野夫人』（1951年公開、東宝）がある。この作品は戦中戦後の東京・武蔵野が舞台で一軒家に両親と夫と暮らす主人公　秋山道子（田中絹代）をめぐる物語であるが、ここでは戦時中に庭で防空壕を掘っていると遺跡が発見され人骨が出土し（映画では「原住民」の墓地と表現されている）、その直後に母が亡くなる。この「墓あばき」が「母の死」（祟り）を招いたと考えられるが、舞台となった野川流域の武蔵野台地の「ハケ」は湧水が豊富で縄文時代中期の遺跡が集中していることが戦前から知られており、そのことがこのシーンに反映されている。わが国は酸性土壌のため貝塚や洞窟遺跡でもない限り縄文時代の人骨が現在まで残されることは希であり、あくまで映画というフィクションの世界の話であるが、ここでも遺跡は重要な役割を果たしている。

発掘調査シーンの精度

　わが国における映画やテレビドラマにおける発掘調査シーンの撮影は、実際の発掘調査現場でロケを実施して撮影される場合や工事現場や空き地、さらには採石場や地下壕などを利用して発掘調査現場を再現し、撮影される場合がある。なかでも工事現場や空き地に再現される発掘現場は出来の悪いものが多く、プロの考古学者が見れば呆れるものも多いが一般の人々にとってそのことはあまり問題ではない。これに対し、2000年以降の海外作品では、よりリアルに遺跡発掘現場が再現される作品が登場する。例えば、マイケル・クライトン原作、リチャード・ドナー監督の映画『タイムライン』（2004年公開、アメリ

カ映画）がその一つである。ここではジョンストン教授（ビリー・コノリー）、マレク助教授（ジェラルド・バトラー）、大学院生のケイト（フランシス・オコナー）が考古学者であり、中世のフランスが舞台となっている。中世にタイムスリップする考古学者に冒険家のイメージはないが、弓や剣を使うマレク（実験考古学者か？）はアクション系である。発掘現場は比較的忠実に再現され、年代測定のシーン（実際のものとはまったく異なるが）など考古学の分析手法がさりげなく取り入れられている。タイムマシンで自分の研究する時代に行くことは考古学者の夢であるが、この作品はそれを実現している。

　海外のテレビドラマでは『ボーンキッカーズ』（2009年放映、イギリス作品）で比較的忠実に発掘現場が描かれている。ここでは主人公のウェセックス大学「ボーンキッカーズ」のリーダーであるジリアン・マグワイルド博士（ジュリー・グレアム）、ウェセックス大教授のグレゴリー・パートン（ヒュー・ボネヴィル）、ウェセックス大考古学部長のダニエル・マスチフ（マイケル・マロニー）が考古学者である。「『インディ・ジョーンズ』の冒険＋『BONES』の謎解き」というキャッチフレーズのイギリスのテレビドラマであり、同じ考古学者でも発掘に情熱を傾けるジリアンと金と名声が欲しい考古学部長のダニエルが対照的に描かれている。グレゴリーの服装や帽子はインディ・ジョーンズを思い起こさせ、ジリアンは『ボーンズ』（2006年以降放映、アメリカ作品）の法人類学者テンペランス・ブレナン（エミリー・デシャネル）をイメージさせる。また、この作品ではブリストル大学教授のマーク・ホルトンが考古学のアドバイザーを務めていることもあり、発掘調査の様子がリアルに再現され、年代測定法など科学分析も駆使されている。このように、1990年代以前の作品とは異なり、最近では発掘調査シーンの表現の精度が高い作品も登場するようになっている。

新たな遺跡・遺物表現

　これに対し、近年遺跡や遺物に対し斬新な表現を試みた作品が登場してい

図44 『古代少女ドグちゃん』

図45 『古墳ギャルのコフィー』

　　　　　　　　　　　　　　　　　　　　　る。その一つがテレビドラマ『古代少女ドグちゃん』（2009年放映、毎日放送）である。主人公のドグちゃんは1万年の眠りから醒めた妖怪ハンターでドキゴロー（遮光器土偶）と妖怪退治を行う。ドグちゃんはグラビアアイドルの谷澤恵里香が演じており、考古学者は杉原考古学研究所所長の杉原謙三（上川隆也）である。深夜ドラマということもあり研究所の内部の様子や初回で登場するドグちゃんの発掘シーンなどはかなりいい加減な作りであるが、土偶とアイドルを結びつけたキャラクターが現代社会に蔓延る妖怪を退治するという、今までになかったタイプのテレビドラマである。なお、本作品のように土偶や埴輪が登場するテレビドラマやアニメ作品は多い。このうち土偶については、『ウルトラマンティガ外伝 古代に蘇る巨人』（2001年発売、バンダイビジュアル）で土偶が登場し、アニメ作品では映画『ドラえもん　のび太の日本誕生』（1989年公開、東宝）や映画『超劇場版ケロロ軍曹』（2006年公開、角川映画）で土偶（遮光器土偶）が登場するが、土偶は悪役として登場することが多いのに対し、『古代少女ドグちゃん』では土偶が妖怪を退治する側である点もユニークである。

　これに対しアニメ作品では、『古墳ギャルのコフィー』（2006・2009年放映、テレビ朝日）が秀逸である。この作品はいわゆるフラッシュアニメで最初ネット公開されたものがテレビシリーズ化され、劇場版も制作されている。原作・制作は古墳マニアでもあるフロッグマンである。主人公のコフィー（声：本間恭子・相沢舞）は前方後円墳で都立古墳高校の生徒であり（その後国立古墳大

学へ進学している)、他に登場人物としてパパ・ママ(前方後円墳)、上田(馬形埴輪のペット)、ダニエル(墳丘墓)、ニントク(大型前方後円墳)、ドロシー(前方後方墳)、桶狭間先生(クラス担任の落武者)などがあげられる。この作品は古墳が擬人化された女子高生という奇抜な設定に大いにショックを受けた作品である。古墳マニアであるフロッグマンは古墳に関してかなりの知識を持っており、墳丘墓であるダニエルが貧乏で、天皇陵であるニントク(仁徳)をはじめとする他の古墳と比較される話や、古墳が開発行為によって消滅する話など考古学者に身近な話題も満載である。残念ながら日本の考古学者はこのアニメ作品に関心を示していないが、将来このアニメ作品を見て古墳研究を志す学生が出てくるかも知れない。

第7章　考古学と現代社会

考古学とポピュラー・カルチャー（大衆文化）

　以上みてきたように、考古学者は映画やアニメなどの映像娯楽作品を通じて現代社会に浸透している。その姿はときには堅物の学者であり、ときには冒険家やトレジャーハンターであり、ときにはやさしい父親である。このような多様な顔を持ち、フィクションの世界で活躍する考古学者は、様々な分野の専門家で構成される学者の世界では極めて特殊な存在である。実際の考古学者の多くは、映画やアニメに登場する荒唐無稽なフィクションの考古学者は現実の考古学者とまったく異なる存在であると嘆き、時には不快感をあらわにするであろうが、一般の人々は実際の考古学者とフィクションの考古学者を同一視してわけではなく、インディ・ジョーンズのような考古学者が実在するとは思ってはいない。しかしながら、作品の中には比較的実際の考古学者に近い姿で描かれていながらも彼らの言動や行動が実際にはありえないものであることも多々あり、それがわが国における考古学者像形成に影響を与えている。その意味で映画やアニメなどのポピュラー・カルチャー（大衆文化）に登場する考古学者の姿や言動は、現代社会において一般の人々が抱く考古学者や考古学のイメージを知る手がかりとなるのである。

　このような考古学や考古学者が外部の人間にどのようなイメージでとらえられているかという問題は、実証的な方法を用いて遺跡や遺物から過去の人々の生活や文化を復元することを目指してきた従来の考古学界においては興味の対象外であり、そのことが議論されることはほとんどなかった。しかし、このことは「考古学者とは何者であるか」という我々考古学者にとって極めて重要な

問題を意識する契機となるものであり、客観性の裏に隠ぺいされてきた研究主体の問題を積極的に考古学研究の対象とすべきという議論に繋がってくる。近年の考古学の研究成果の中で、この問題について科学的な方法で検討を加えたのが認知考古学の分野であろう。わが国の認知考古学では、考古資料を用いて過去の人々の認知構造や人類進化における認知発達について検討するなど様々な研究成果が得られたが、その中でアイカメラ（眼球運動測定装置）を用いた考古学者自身の認知プロセスに関する研究が実施され、考古学者の鑑識眼や熟達度について興味ある研究が実践された（松本・中園・時津編 2004、時津 2007など）。考古学者の認知能力は大学や発掘調査現場における考古学の専門教育によって培われ考古学者的身体が形成されていくのであるが、従来の考古学ではこの点について議論することを避けてきたのである。

　このように21世紀になって考古学の相対化が進行してゆくなかで、考古学とポピュラー・カルチャー（大衆文化）の関係に着目した論考を発表したのは既に紹介した大津忠彦氏（大津 2009・2010）や下垣仁志氏（下垣 2010）、さらにはアンコール・ワットなどカンボジアの遺跡群が登場する映像作品やコミック作品について紹介した岡田知子氏（岡田 2006ab）などの研究者である。これに対し、海外では早くから考古学とポピュラー・カルチャーの関係に注目し、その著書『ストーンヘンジからラスベガスまで―ポピュラー・カルチャーとしての考古学―』（Holtorf 2005）において考古学とポピュラー・カルチャーの関係について言及したのがクリストファー・ホルトフ氏である。

図46　『ストーンヘンジからラスベガスまで』
　　　（ホルトフ 2004）

　この著書の中でホルトフ氏は、まず

議論の前提となる現代の西欧社会における考古学の位置づけについて言及している。それによると、旅行パンフレットや広告において考古学的要素が多くみられるように、西欧で考古学は広く受け入れられており考古学者が描く「遠い過去」(集合的記憶)は個人的記憶を超えて物語化されていると述べている。そして、このような人類の過去に関する事項は政治的・民族的問題にかかわる極めて現在的な問題であるため(ただし、考古学者の活動自体も現代の価値観や規範、あるいは何らかの野心に左右される)、ポピュラー・カルチャーの中に描かれる遺跡や遺物が現代社会に対してどのような役割を果たしているか注意深く検討する必要があるというのである。

また、ホルトフ氏は、大衆は考古学的事実に関する知識ではなく、考古学に対する特定のイメージや事物に基づいて自ら考古学イメージを作り上げ、既にあるイメージから大衆は逃れられないと述べている。このような大衆の考古学イメージの「暴走」は考古学者がコントロールできるものではないため、考古学者は従来のように過去を知るための高度な専門的知識を駆使して過去と現在の間の橋渡しを行うだけでなく、現代考古学の通俗的な要素やテーマについて検討することによって、「ポピュラー・カルチャーとしての考古学」の確立を目指すべきであると述べている。そのためには現代人の遺跡や遺物に対するイメージについてまず検討する必要がある。例えば、発掘調査は西欧において独特なイメージで捉えられている地下世界へ侵入する方法であり、地下世界への降下は過去の真実を求めようとする科学的探究心を引き起こすとともに、多くの民話や古代墳墓に関する英雄伝説にみられるように財宝の発見をイメージさせるものであるという。わが国では西欧のような地下世界への憧憬はみられないが、古くから語り継がれてきた昔話の影響で遺跡の発掘調査に対して「お宝発掘」のイメージが強いことは周知の事実である。

次に、ホルトフ氏は考古学には未知なるものへの冒険心を引き起こすイメージがあるが、これにはフィールドワーク(おもに発掘調査)が大きく関わっており、フィールドワークは学生にとって技能を習得する場だけでなく考古学における「決まりごと」を学ぶ教育の場(あるいはイニシエーションの場)であ

る述べている。また、フィールドワークはジェンダーと強く関連しているという。すなわち、フィールドワークにおけるカーキ色のサファリ・スーツにヘルメットといった服装は考古学者の男性的イメージが表出しており、これが考古学者の自己認識にも影響しているというのである(『トゥームレイダー』のララ・クロフトや『レリック・ハンター』のシドニー・フォックスのような女性考古学者は女性に変装した男性のキャラクターとして位置づけられる)。このようなステレオタイプ化された考古学者は明らかにポピュラー・カルチャー、すなわち映画やテレビを含むマスメディアにおいて認識可能であり、ステレオタイプ化した考古学者を起用した「トレジャーハンティング」(宝探し)や「バトル」(戦闘)などの奇妙な冒険や考古学的ロマンスはポピュラー・カルチャー(映画、TVドキュメンタリー、文学、雑誌、広告、コミック、コンピュータゲーム、玩具、テーマパークやカジノホテルなど)に広く用いられているというのがホルトフ氏の現状認識である。また、「宝探し」には危険がつきものというイメージは発掘調査などのフィールドワークのメタファー(隠喩)となっており、1920年代以降、呪われたエジプトの墳墓は文学や映画の世界に繰り返し登場し、祟りや呪いといった言説で語られてきた。

　そして、ホルトフ氏は考古学とポピュラー・カルチャーの関係を探るためには、現代社会における古代遺跡の意味づけについて検討することも重要であると述べている。例えば、ヨーロッパのメガリス(巨石墓)やメンヒル(立石)のようにその土地の景観を構成するモニュメントはその大きさや突出した存在感が人々を魅了しているが、考古学者が遺跡の学術的な情報を強調することに一般の人々はうんざりしている。考古学や先史時代のモニュメントはポピュラー・カルチャーや商業的利用に供されてきたが、モニュメントの受け取られ方は現代社会を映す鏡であり、メガリスの用途に対する様々な解釈はしばしば現代人の考え方や組織のあり方と繋がっており、その当時の政策や流行に影響されるとホルトフ氏は述べている。すなわち、モニュメントは独特のオーラや神秘的な魅力を持つ存在であり、そのため、冒険心やノスタルジーを喚起するだけでなく土地の記憶を呼び起こし、個人的あるいは集団的アイデンティティを

喚起する存在なのである。

　ホルトフ氏も指摘するように、遺跡や考古学と現代社会の関係を検討するためには、様々な実例をもとに現代社会が保有している遺跡や考古学に対するイメージを明らかにし、現代社会における遺跡の意味づけについて検討する必要がある。その中で映画やアニメなどのポピュラー・カルチャーにおいて遺跡や考古学者がどのように描かれているかを検討することは、遺跡や考古学が現代社会の中でどのように捉えられているかを知るために有効な方法の一つである。また、ホルトフ氏は考古学の魅力は発掘調査などで考古学を実践すること、そして過去の世界を想像することであると述べているが、その魅力を享受するためには遺跡や遺物に付加されている多様な意味を解読するだけでなく自らが考古学を楽しむ姿勢が大切であるとも述べている。

　その後、ホルトフ氏は『考古学はブランド！―現代ポピュラー・カルチャーにおける考古学の意味―』（Holtorf 2007）という著作を発表し、その中でヨーロッパにおけるテレビや新聞などのマスメディアの中での考古学の取り上げられ方を紹介しながら、冒険者としての考古学者、探偵としての考古学者、重大な発見をする考古学者、古代の遺跡や遺物を管理する考古学者などの考古学者の姿、あるいは考古学者の服装といった視点からポピュラー・カルチャーにおける考古学者の意味づけについて興味深い考察を加えている。

戦後の考古学ブームと旧石器時代遺跡捏造事件

　現代社会において考古学や考古学者のイメージが固定化していった背景に戦後何度か訪れた考古学ブームの存在がある。例えば、1959（昭和34）年頃に埴輪ブーム、宮崎康平の『まぼろしの邪馬台国』が刊行された1967（昭和42）年に邪馬台国ブームが起きたが、1972（昭和47）年の高松塚古墳壁画の発見によってマスコミが遺跡を積極的に取り上げるようになり、考古学が一気に注目される存在となった。この考古学ブームについては1976（昭和51）年新年号の『諸君』の「古代史ブームの意味」という記事の中で、作家の栗田勇氏がマス

コミによる高松塚キャンペーンによって古代史の読み物が世間に氾濫したこと、そして古代史ブームの背景にオイルショックによる「高度経済成長の破綻」や「老後の不安」、「食糧難の噂」がささやかれる時代に人々が自らの原点や原体験に立ち返ろうとしており、皇国史観とは異なる共同体イメージを与える古代史が「日本人という共通項を与えてくれるフィクション」として脚光をあびていると述べていることを小川伸彦氏が紹介している（小川伸 2003）。また、小川氏は古代史ブームを「知的かつ健康的余暇活動のひとつ」と位置づけるとともに、やがて破壊される遺跡の現地説明会への参加者の行列を葬列になぞらえて現地説明会を「保存を諦め弔いつつも記憶に残す喪の儀礼」と表現し、古代史ブームの裏側にある矛盾も指摘している。こうしたわが国における考古学・古代史ブームは本書で取り上げた映画・テレビドラマ・アニメなどの映像娯楽作品に少なからず影響を与えたと推測される。しかし、それらの作品は考古学に対して常に好意的に描かれている訳ではなく、時には批判的に描かれることもある。その背景には、考古学に限らず学問の世界に対して「権威の象徴」、あるいは閉鎖的な「象牙の塔」というイメージがあることは明白である。そのため、政治の世界だけでなく学問の世界で不祥事があるとそれを揶揄したり、面白おかしく作品で取り上げるという現象が起きることになる。

　わが国の考古学界においてその典型な例としてあげられるのが2000（平成12）年11月に発覚した「前期・中期旧石器時代遺跡捏造事件」の影響がみられる作品群である。そこからは従来からある遺跡や遺物に固執する考古学者の「オタク」イメージや学問的名声を得るために手段を選ばないという学者イメージがこの「前期・中期旧石器時代遺跡捏造事件」によって現実のものとなったという作者の意識が読み取れる。それらのイメージは実際の考古学者の姿とは異なるものではあるが、この事件が日本考古学に与えた影響は測り知れないものがあり、学界の閉鎖性、「神の手」に期待した行政担当者や「神の手」ともてはやしたマスコミの存在など様々な問題点が指摘された。また、こうした捏造者の行為が名誉欲や自己顕示欲といった個人的な理由だけでなく、意識的に中国の北京原人よりも古い80万年前まで日本人の起源を遡らせようと

したものであったならば、捏造者の行為は単なる個人の犯罪的行為ではなく、日本人を誤った民族意識やナショナリズムへと導きかねない行為であるといえる。

「前期・中期旧石器時代遺跡捏造事件」の影響は新聞や雑誌にとどまらず、わが国のポピュラー・カルチャーにも及んでいることを示す作品は決して少なくない。それは捏造者がホームレスとして作品に登場する『さくらインテリーズ』(戸梶 2003) のような小説作品だけでなく、その影響は主にテレビドラマやアニメ作品に及んでいる。例えば、『考古学者佐久間玲子2　邪馬台国の神の鏡が暴く朱塗り白骨の謎』(2002年放映、日本テレビ) は、三角縁神獣鏡を抱いた白骨死体が発掘現場から発見されたことが契機となり、9年前の遺跡捏造事件の真相が明らかになるという内容であり、『新科捜研の女2　ファイル8　15年前の鑑定ミス！？マリコの父が殺人犯』(2005年放映、テレビ朝日) では大和朝廷の石印 (大和石) を発見した教授は「神の手」と呼ばれている。さらに、内田康夫原作の『浅見光彦シリーズ　箸墓幻想』(2007年放映、フジテレビ) では、古墳から出土した画文帯神獣鏡が箸墓古墳の盗掘品であったという捏造の話がこの物語の中心的役割を果たしている。なお、『箸墓幻想』の原作は2003 (平成15) 年に出版されているが、原作者の内田氏は捏造事件について「あとがき」で「この事件もまた『箸墓幻想』の真実味を補強するベクトルとして作用した。もし「石器捏造」事件がなかったら『箸墓幻想』の重要な部分は、「そんなことがあるはずないだとう」と失笑をもって読まれたかも知れない」(内田 2003：481頁) と記している。また、

図47　貝塚博 (斉藤暁)『ケータイ刑事銭形雷』

テレビの深夜番組でも捏造事件の影響がみられる作品がある。『ケータイ刑事銭形泪　怪奇！よみがえったツタンカーメンの御近所さん！〜ミイラ男の呪い殺人事件〜』(2004年放送、TBS) で登場する助手が教授を「ゴッドハンド」であると発言する場面があり、同じシリーズの『ケータイ刑事銭形雷　考古学者VS銭形雷〜縄文人の変死体事件〜』(2006年放映、TBS) に登場した博物館館長も「ゴッドハンド」と呼ばれており、館長が殺人を犯した理由は展示物の捏造が発覚し教授の座を追われることを恐れてのことであった。さらに、捏造事件は子ども向けのアニメ作品にも取り上げられており、『ケロロ軍曹5　冬樹と首長竜であります』(2008年放映、テレビ東京) の中で、わが国で捏造事件があったことが解説され、さらに地球侵略のためガンプラを縄文時代の地層に埋めて遺跡を捏造するシーンが登場する。

　2000 (平成12) 年11月の捏造事件発覚後、多くの報道がなされ、その後日本考古学協会による検証作業が行われたが (前・中期旧石器問題調査研究特別委員会編 2003)、このように「前期・中期旧石器時代遺跡捏造事件」を題材として取り上げた大衆娯楽作品が多くみられるという事実は、この事件が考古学界だけでなく日本社会に衝撃を与えた事件であったことを物語っており、わが国の考古学界にとって明らかなイメージダウンであったことを示している。

考古学と現代社会

　考古学は過去を追求するだけでなく、考古学が現代社会の中でどのような役割を果たすべきかという問題について以前から検討してきた。このような考古学と現代社会とのつながりについて考えるための基本文献として、かなり前の文献ではあるが1986 (昭和61) 年に出版された『岩波講座日本考古学　7現代と考古学』(近藤ほか編 1986) があげられる。内容は「総論」(田中 1986a)、「日本考古学と社会」(都出 1986)、「遺跡の保護」(稲田 1986)、「考古学とナショナリズム」(田中 1986b)、「学校教育と考古学」(西川 1986)、「ジャーナリズムと考古学」(新納 1986)、「「天皇陵」と考古学」(石部・宮川 1986)、

「邪馬台国論争と考古学」(鬼頭 1986)という構成であり、執筆者はそれぞれの立場で考古学と現代社会の関係について語っている。ここでは具体的なテーマとして発掘調査と遺跡の保護、ナショナリズム、学校教育(教科書問題)、ジャーナリズム(遺跡報道)、天皇陵、邪馬台国論争といった観点から考古学と現代社会の関係性を論じており、25年以上前の文献であるため最近になって注目されるようになった遺跡の観光利用など遺跡の活用といった観点からの論考は含まれていないものの、当時の日本考古学が抱える問題点を的確に指摘している。例えば、遺跡をめぐる報道のあり方について「最古」、「最大」という表現を含むものが多いことや珍品主義・優品主義という骨董品的・美術品的評価が存在することに対する批判が新納泉氏によってなされているが(新納 1986)、日本最古の遺跡が次々と書き換えられた「前期・中期旧石器時代遺跡捏造事件」にかかわるマスコミ報道はまさにこの指摘どおりであった。

　また、遺跡は民族意識やナショナリズムの高揚に利用されやすい存在であることが田中琢氏によって指摘されている(田中 1986b)。田中氏は考古学とナショナリズムの関係について論じる中でドイツの国家社会主義労働者党(ナチス)をとりあげ、アーリア民族の文明を過去にさかのぼらせて解明することが当時のドイツ考古学の重要な課題であったことを指摘した。それを推進したのが居住地考古学を提唱したコッシナの弟子であるライネルトであり、ライネルトはナチスの学術雑誌にゲルマン民族が野蛮な民族ではなく高い文化を保持していた民族であったことやドイツの領土の正統性を主張する論文を発表した。田中氏はこれ以外にもユダヤ国家であるイスラエルにおける考古学の位置づけ、中国が南シナ海の西沙群島の領土問題で明代の貿易船が発見されたことを領有の正当性を主張する根拠としている点などについても言及し、ナショナリズムをめぐる近代国家と考古学の結びつきについて論じている。なお、同様の事例はわが国においても存在しており、喜田貞吉の「日鮮両民族同源論」が1910(明治43)年の日韓併合条約を正当化する口実を与えたと鈴木公雄氏が論じている(鈴木 1988)。

　このように考古学は民族や国家の歴史の古さを「証明」する学問であると考

えられているため、考古学は民族意識やナショナリズムの高揚に利用されやすい存在であるが、われわれの祖先である古代人のイメージが書籍やコミックなどの出版物、さらには映画やアニメ作品によって流布されて国民に記憶されるという側面にも注目する必要がある。例えば、クシシトフ・ポミアン氏の「フランク人とガリア人」という論考（ポミアン 2002）では、ガリア人の存在はフランス社会に大きな影響を与えたと述べられている（ガリア人の英雄を偲ばせる記念碑の存在、街路の名前への使用、さらにはレストランなどでの「われらが祖先ガリア人」という表現がそれを示している）。ガリア人に関する著作は、英雄ヴェルサンジェトリクスを題材としたフランスの人気コミック『アステリクス』（1950年代末）をはじめ古くはアメデ・チエリの『ガリア人の歴史』やカミーユ・ジュリアンの『ガリアの歴史』、文庫本ではアルベール・グルニエの『ガリア人』やポール゠マリ・デュヴァルの『ガリアの神々』など多くの著作にみられるが、1834年刊行のマルタンの『フランス史』において西ヨーロッパに最初に住んだ人々はガリア人であり、巨石記念物はケルト人（ガリア人）が製作したという記述が愛国神話の夢想と結晶化し、ガリア人の宗教的信仰が再現されるという現象がみられるようになったという。また、ガリア人の図像による表現は『古代フランス紀行』やラクロワの『ヴェルサンジェトリクス』をはじめ19世紀の多くの作品に登場し、それ以外にもガリア人の遺物の複製やガリア関連の絵はがきが発売され、考古博物館でガリア人の神々の肖像、様々な道具や武器、貨幣、芸術作品などが展示されている。こうした中で人気コミック『アステリクス』によってフランス史の漫画化が果たされ、ガリア人のイメージが固定化していったのである。ポミアン氏はフランス人にとってガリア人は、当初民族起源神話からフランス統一へという言説の中に存在したが、その後ガリア人とフランク人の闘い、あるいはガリア人とローマ人、ゲルマン人の対立という図式の中で取り上げられ、現在は自分の似姿が映し出されている神話として自嘲的に扱われていると分析している。

このように、歴史書などの書籍だけでなくコミック、さらには映画やアニメなどの映像娯楽メディアによって一定の民族や古代人のイメージが創り上げら

れ、その後商品デザインに取り入れられ、博物館展示に使用されるという一連の流れはフランスに限ったことではない（ホブズボウム＆レンジャー編1992）。アニメ作品を例にあげるならば原始人のイメージがアメリカにおいては『原始家族フリントストーン』（1960〜66年

図48 『はじめ人間ゴン』

アメリカ放映、ABC）、わが国においては園山俊二氏原作の『はじめ人間ギャートルズ』（1974〜76年放映、TBS、日本教育テレビ）や『はじめ人間ゴン』（1996年放映、NHK）によって決定づけられ、われわれの原始人イメージとして定着したことは周知の事実である。1986（昭和61）年に出版された『岩波講座日本考古学　7現代と考古学』（近藤ほか編 1986）では小説・映画・アニメといったポピュラー・カルチャー（大衆文化）と考古学の関係について議論はされていないが、一般の人々にとって遺跡や古代人のイメージを決定する要因としてポピュラー・カルチャー（大衆文化）の影響が大きいことは容易に想像できるのである。

観光考古学の試み

　こうしたなか、21世紀になってわが国の遺跡や埋蔵文化財をめぐる環境は大きく変化してきている。その一つとして従来の遺跡や史跡の保護や整備の問題に加えて観光利用を含めた遺跡活用の問題が検討されるようになってきたことがあげられる。2002（平成14）年度の埋蔵文化財行政研究会では『市町村と埋蔵文化財その2―遺跡の整備と活用の実態―』（埋蔵文化財行政研究会 2002）がテーマとなり、翌年の2003（平成15）年には『遺跡学会』が設立されるなど、21世紀になって国民共有の財産である遺跡や史跡は、単に保護するだけで

はなく、積極的に整備し活用する対象となってきている。そして、かつては開発行為を生じさせ遺跡を破壊する原因の一つとして考古学者に認識されていた観光についても、吉野ケ里遺跡や三内丸山遺跡が整備され多くの観光客が押し寄せているという現状もあり、観光によって遺跡が破壊されるという従来の考え方はもはや通用しなくなってきている。そして、2004（平成16）年に坂詰秀一氏によって「観光考古学」が提唱され（坂詰 2004）、翌2005（平成17）年には東京で『シンポジウム　観光考古学Ⅱ』が開催された（国際航業株式会社 2005）。その後、その様子が収められた『特集　観光考古学Ⅱ』（国際航業株式会社 2006a）や『観光考古学―記録と展望―』（国際航業株式会社 2006b）が刊行された。このシンポジウムのパネラーは考古学者をはじめ国土交通省公園の緑地事業調整官、文化庁文化財調査官、観光人類学者、日本交通公社理事、経済学者といった顔ぶれであり、まさに「官・民・産・学」によるシンポジウムであった。しかし、各界の専門家の意見は遺跡が観光資源として成立することの難しさを指摘するものが目立ち、安易に遺跡の観光利用を目論む行政担当者に対して現実の厳しさを突き付けるものであった。これ以降、観光考古学に関しては、『考古学ジャーナル』誌における特集（坂詰編 2010、2011ab）を経て、2012（平成24）年には坂詰秀一氏監修の『考古調査ハンドブック７　観光考古学』（坂詰監修 2012）が刊行された。また、前述のシンポジウムにおいて遺跡の経済効果について講演を行った経済学の澤村明氏は遺跡や文化遺産が地域経済に与える影響についてまとめた著作を相次いで発表している（澤村 2010・2011）。さらに、この間考古学・歴史学・社会学・建築史の専門家が文化遺産の活用について論じた著作『文化遺産と現代』（土生田編 2009）も刊行されるなど遺跡や文化遺産の活用の問題を議論の対象としようとする機運が高まっている。

　これに対し、観光考古学が誕生するかなり前から文化人類学の分野では観光人類学という分野が存在している。観光人類学の誕生の経緯については1974年にアメリカ人類学会のシンポジウム『ホストとゲスト―観光の人類学』が開催されたことが契機となったとされているが（山下編 1996）、観光人類学は1980

年代のアメリカの文化人類学界に浸透し、1990年代になってわが国でも文化人類学における新たな研究分野として確立された（石森編 1996、山下編 1996、橋本 1999など）。観光人類学の研究課題としては、①観光を生み出すしかけ（異文化体験、真正性、イメージ（表象）の消費、ガイドブックを体験する「擬似イベント」）、②観光客を受け入れの影響（観光による伝統文化の破壊、ホスト社会のアイデンティティ構築）、③観光が作り出す文化（観光用ショーやお土産の工芸品、新たな文化の創造）、④観光の背景（植民地主義、観光政策、民族問題）があげられている（山下編1996）。このように、観光人類学には観光の本質について言及しながら観光による地域の文化や社会への影響やその背景についてフィールドワークを通じて明らかにしていこうという姿勢がみられる。その意味で観光によって生じる様々な現象について文化人類学の立場から検討する観光人類学と遺跡の活用方法の一つとして注目されるようになった観光考古学では、その目的や学問的な位置づけの違いは明らかである。

　このように、遺跡の活用の方法の一つとして観光考古学という新たな考古学の分野に注目が集まってきているが、観光資源としての遺跡に地元の人々が夢を託せるかという点については難しいと言わざるをえない。例えば、前述した『シンポジウム　観光考古学Ⅱ』（国際航業株式会社 2005）では、まず考古学者の広瀬和雄氏が史跡公園の目指す方向として、心地よい生活空間・快適空間（アメニティ）、歴史のストックを活かした街づくり、日常性のなかの非日常性をあげ、史跡公園の面白さとして「ワクワク・ドキドキ感」や知的発見の楽しさをあげている。これらは史跡公園のあり方の理想ではあるが、歴史や考古学に興味のない観光客が市街地から遠く離れ、他の観光地への移動が困難な場所に造られた史跡公園という快適空間をわざわざ訪れるであろうか。また、遺跡や史跡に対して特定のイメージを抱いていない人々にディズニーランドに対して感じるような「ワクワク・ドキドキ感」や知的発見の楽しさを感じることは難しく、それを享受できるのは一部の歴史好きの人や考古学ファンということになる。また、同じシンポジウムにおいて、観光のプロである日本交通公社理事の林清氏は、観光資源としての評価要素として、①美しさ、②珍しさ、③大

きさ（長さ、高さ）、④古さ・静けさ、⑤地方色をあげている。そして、観光地の評価は「来訪意向指数」と「リピート指数」によって決定されると述べ、JTBの観光資源の評価基準は特Ａ（わが国を代表する資源、世界に誇示しうるもの）、Ａ（誘致力は全国的、一生に一度は見る価値のあるもの）、Ｂ（地方スケールの誘致力を持つもの）、そしてＣにランキングされ、わが国の遺跡としては青森県三内丸山遺跡、佐賀県吉野ヶ里遺跡、福井県一乗谷、大阪府仁徳天皇陵、奈良県平城京・藤原京がＡクラスであると評価している。しかし、これらの遺跡群はわが国の遺跡のほんの一部であり、三内丸山遺跡や吉野ケ里遺跡クラスにならないと全国レベルの観光地として成立しないということを意味している。また、林氏は学術的価値と観光的価値は異なることも明言しているが、このことは学術的価値のみ遺跡評価の対象としてきたわが国の考古学研究者にとって耳の痛い話である。

　このように、観光資源としての遺跡の利用にはおのずから限界があることがシンポジウムにおいて明らかになったが、このことは遺跡の経済効果について研究成果をまとめた澤村氏の著書でも確認できる（澤村 2011）。澤村氏は全国的に有名な遺跡である吉野ヶ里遺跡、三内丸山遺跡、そして地域密着型の遺跡である岩手県御所野遺跡の事例について検討している。このうち吉野ヶ里遺跡は1989（平成元）年2月の新聞報道によって全国的に有名な遺跡となり1990（平成2）年に国指定遺跡となった弥生時代遺跡であるが、1989（平成元）年の一般公開から1994（平成6）年までの経済効果について「吉野ヶ里効果」が74億円という新聞報道があった。しかし、これを経済学的に検討すると、投資（財政支出）とその効果（消費支出）の区別がなされておらず、74億円の大部分が遺跡公園整備のための公共投資であること、観光客支出の17億円についてもバス収入は福岡県のものであり（ストロー効果）、発掘調査費の約1億8千万円も地元業者が請け負うとは限らず、結果的に16億円が観光客支出になるという。2001（平成13）年の遺跡公園オープン以降についても売上が約9億5千万円（2001～2006年度）に対して維持管理費約38億円弱で赤字であり、単体では収支が取れていない。これらの検討結果から吉野ヶ里遺跡の経済効果につ

いて澤村氏は、(1) 1989 (平成元) 年度から1994 (平成 6) 年度までの、いわゆる「吉野ヶ里効果」については、観光統計を見ると報道以上の効果があった、(2) 長期的に見ると、公園整備費が巨額であり、来訪者による観光収入だけでは投資を回収できていないという結論に至っている (ただし、佐賀県の知名度アップなど経済性以外の効果はあったとしている)。

　次に、澤村氏は三内丸山遺跡についてもその経済効果について検討している。江戸時代から知られていた遺跡であった三内丸山遺跡は1992 (平成 4) 年からの発掘調査よって全国的に知られる縄文時代遺跡となり、1994 (平成 6) 年に保存が決定し、1997 (平成 9) 年国指定遺跡となった。2005 (平成17) 年に澤村氏が実施したアンケート調査によると、三内丸山遺跡の経済効果は遺跡来訪者が支出した金額 (県内外客の比率×一人あたりの支出金額) は2003 (平成15) 年度で約228億円であるが、季節による下方修正 (中央値使用) の結果約193億円と推計されている。2003 (平成15) 年度の青森県内の観光消費は約1848億円であり、三内丸山遺跡保存の直接効果は約28億 6 千万円 (遺跡だけ見に来た人の直接効果は11億 4 千万円) ということになるが、これは青森県全体の観光消費の1.6％にあたる。澤村氏は遺跡の維持管理費は人件費を含めて約 3 億円であるので、約28億 6 千万円という金額は良好なパフォーマンスであると述べているが、同時に来訪者数の季節差やイベントと来訪者数の関連などの検討すべき課題も残されていると指摘している。

　このように、ともに全国的に有名な遺跡である吉野ヶ里遺跡と三内丸山遺跡の場合、様々な問題を含みながらも観光資源として一定の評価が可能であるが、そこまでの規模ではない岩手県御所野遺跡のような「おらが町の遺跡」(澤村 2011：71頁) では経済効果とは異なる価値測定の方法が必要であると澤村氏は論じている。

　わが国の遺跡と観光のめぐる状況は近年大きく変化しているが、その契機となったのが、わが国の埋蔵文化財政策が遺跡の保護から観光利用も含む遺跡の活用へと舵を切ったことである。しかし、観光資源としての遺跡への注目度は高くなったものの遺跡の知名度や見栄え (巨大な石造建築物であるエジプトの

ピラミッド群やカンボジアのアンコール・ワット遺跡群と比較すればその差は明らかである)、さらに交通の便や周辺の観光施設と組み合わせたツアーに組み込めるかという問題を含めた立地条件など課題は多い。また、観光資源として遺跡を整備・活用するためには土地の取得・発掘費用・整備費など巨額の投資が必要であり、残念ながらそれほど有名でもなく見栄えもしない遺跡を観光資源として活用しようとすることには無理があるといわざるをえない。

観光利用から地域おこしへ

　遺跡を観光資源として利用しようという考え方は確かに魅力的であるが、既に述べたように実際に実現するためには多くの困難とリスクを伴うものであり、大量の観光客を呼び込めるような遺跡はわが国にはそれほど多くない。そこで地域に根ざした遺跡の活用方法として注目されるのは遺跡を地域おこしに利用しようという試みである。この試みは観光利用のように遺跡を経済行為の手段として利用するだけではなく、地元に古くから存在している遺跡や全国的に注目を浴びた遺跡を地域おこしに活用することによって地域住民が遺跡の存在を再認識し、遺跡を通じて地域アイデンティティが形成される可能性を秘めているのである。

　ここでは遺跡を利用した地域おこしの中で、現在全国各地で開催されている遺跡まつり（櫻井 2006・2009・2014）について取り上げる。遺跡まつりは「地元の遺跡で開催される祭り」という単純な定義では語れない複雑な様相を呈している。古くは2012（平成24）年に第50回をむかえた静岡県の「登呂まつり」のように半世紀以上も前からわが国に存在した遺跡まつりがあるが、遺跡まつりは1980年代頃から地元にある遺跡について楽しみながら学び、遺跡への理解を深めてもらおうという当初の目的から離れ、現在では地域おこしに組み込まれている事例も多くみられるようになってきた。全国各地で開催されている遺跡まつりについては、その実態が調査されていないためその全体像は不明であるが、インターネットで検索することによって全国各地で実施されている

遺跡まつりの内容を知ることができる。

　遺跡まつりの典型的な事例として三内丸山遺跡をあげるならば、三内丸山遺跡では「縄文春祭り」、「縄文夏まつり」、「縄文大祭典」、「縄文秋まつり」、「縄文冬祭り」が実施されているが、その中心となる祭りは「縄文大祭典」である。2012年度は縄文大祭典実行委員会主催、青森県・青森県教育委員会共催で9月1日（土）・2日（日）に実施されたが、9月1日（土）には発掘調査現地説明会、縄文ワークショップ（ささやきの壁、踊るドグチャン！？アニメと音の体験ワークショップ）、縄文宵待ちフォーラム（縄文のにぎわい）、お月見コンサート、月の宴、9月2日（日）には発掘現場公開、さんまる縄文講座、縄文の家づくり体験が行われた。また、9月1日（土）・2日（日）の両日にわたって、縄文パノラマビュー、クイズラリー、手しごと楽らく市、青森特産市場、秋の収穫とれたて市、青森ご当地グルメ屋台村、無料体験学習（縄文グッズ作り）、縄文生活体験コーナーが開かれている。また、遺跡まつりは三内丸山遺跡のように全国的に知られている遺跡において実施されているだけでなく、最近は注目されなくなったが以前に史跡に指定され、地元に根付いている遺跡でも開催されている。現在、わが国で開催されている主な遺跡まつりには以下のようなものがある。

　　だて噴火湾縄文まつり（北海道伊達市）、ピリカ遺跡まつり（北海道今金町）、JOMON亀ヶ岡遺跡まつり（青森県津軽市）、これかわ縄文まつり（青森県八戸市）、御所野縄文まつり（岩手県一戸町）、縄文まつり（宮城県仙台市）、ストーンサークル縄文祭（秋田県鹿角市）、長井縄文まつり（山形県長井市）、古墳まつり（福島県郡山市）、陸平縄文ムラまつり（茨城県美浦村）、寺野東縄文まつり（栃木県小山市）、くずう原人まつり（栃木県佐野市）、岩宿ムラまつり（群馬県みどり市）、かみつけの里古墳祭り（群馬県高崎市）、芝山はにわ祭（千葉県芝山町）、野毛古墳まつり（東京都世田谷区）、勝坂遺跡縄文まつり（神奈川県相模原市）、尖石縄文まつり（長野県茅野市）、さらしなの里縄文まつり（長野県千曲市）、登呂まつり

(静岡県静岡市)、チカモリ縄文まつり(石川県金沢市)、うれしの天白縄文まつり(三重県松阪市)、いずみの国弥生まつり(大阪府和泉市)、田能遺跡まつり(兵庫県尼崎市)、大中遺跡まつり(兵庫県播磨町)、明石原人まつり(兵庫県明石市)、むきばんだ遺跡秋麓まつり(鳥取県大山町)、土井ヶ浜弥生まつり(山口県下関市)、吉野ヶ里ふるさと炎まつり(佐賀県吉野ヶ里町)、くにさき古代祭り(大分県国東市)、西都古墳まつり(宮崎県西都市)、縄文の森春まつり(鹿児島県霧島市)

このように、遺跡まつりは全国各地で開催されているが、その規模や実施時期、さらには主催者やイベントの内容など実に様々な遺跡まつりが存在している。それらをまとめると、わが国の遺跡まつりには、（Ⅰ）地元の行政やまつりの実行委員会が主催で観光協会・商工会・地元企業などがバックアップしており、郷土芸能・コンサート・ダンスの発表会・移動動物園・福引や抽選会・地元物産販売など遺跡とは関係のない催しが主体を占める町おこし型の遺跡まつり、（Ⅲ）地元の教育委員会や博物館が主催し、文化財保護や生涯学習の観点から地元の遺跡について知ってもらい、理解を深めてもらうことを目的にした古くから実施されている教育普及型の遺跡まつり、その中間型の（Ⅱ）の遺跡まつりがある（図49）。このうち、（Ⅰ）の町おこし型の遺跡まつりは、地元の「商工祭」や「産業祭」などを同時開催することが多い。そのため、催しは遺跡にかかわるものと、郷土芸能・コンサート・ダンスの発表会・移動動物園・福引や抽選会・地元の物産販売など遺跡とは関係のない催しに区分することができる。これに対し、（Ⅲ）の教育普及型の遺跡まつりは、遺跡の解説や出土遺物の展示、講演会やコンサート、火おこし・弓矢体験・勾玉作り・古代食の試食などの体験コーナーがあり、遺跡や遺物の展示解説と体験学習が中心になっている。また、（Ⅱ）の中間型の遺跡まつりは、遺跡とは直接関係ない催しや地元の物産販売・フリーマーケットなどが加わることによって（Ⅲ）の教育普及型の遺跡まつりが（Ⅰ）の町おこし型に近づいたものである。

この中で遺跡の活用事例として注目されるのが（Ⅰ）の町おこし型の遺跡ま

第7章　考古学と現代社会　115

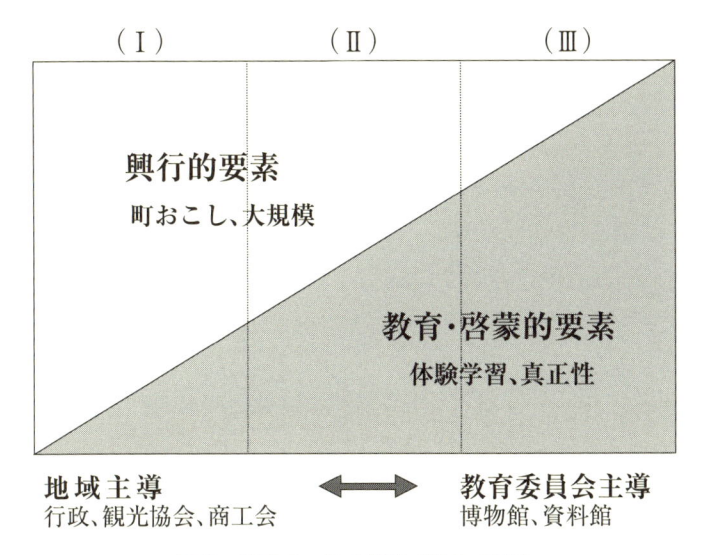

図49　遺跡まつりの類型（櫻井 2009）

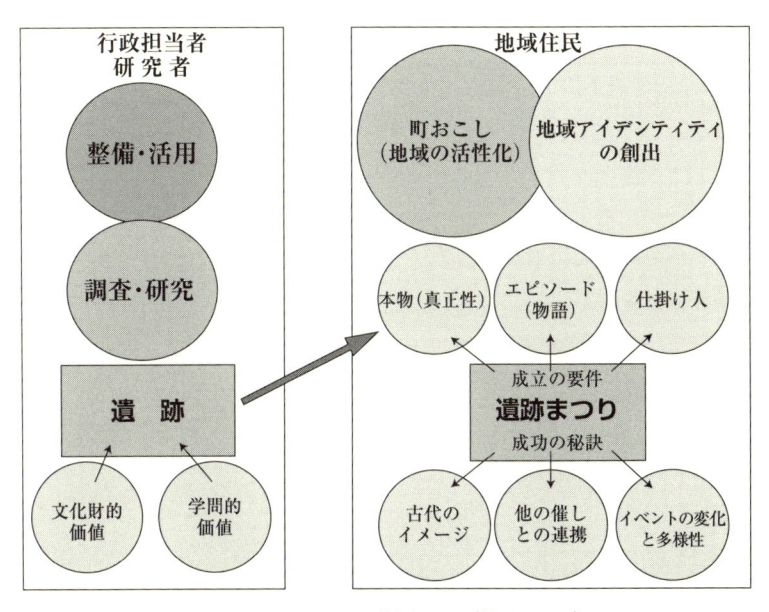

図50　遺跡まつりの位置づけ（櫻井 2009）

つりであるが、ここでは（Ⅰ）の町おこし型の遺跡まつりの調査事例として「芝山はにわ祭」（千葉県芝山町）および「くずう原人まつり」（栃木県佐野市）について紹介してみたい（櫻井 2006・2009・2014）。まず「芝山はにわ祭」は古くから数多くの古墳が確認され、6世紀の形象埴輪列が検出され国指定史跡となった殿塚・姫塚のある千葉県芝山町で実施されている遺跡まつりである。このまつりは成田空港建設問題に揺れた同町で町民が一つになれる祭りを開催して住民の融和を図るために始められた。1982（昭和57）年に第1回「ハニワ祭り」（第3回以降「はにわ祭」に名称変更）が開催され、2013（平成25）年には第31回を数え、現在町最大のイベントとなっている。開催地は芝山公園周辺、主催は芝山はにわ祭実行委員会で後援は芝山町、芝山町観光協会、芝山町商工会、千葉県教育委員会、（社）千葉県観光協会、成田国際空港㈱、九十九里地域観光連盟などである。遺跡まつりは「降臨の儀」（古代人の出現）、「交歓の儀」（古代人の来臨を仰ぎ歓迎の法要と現代人との交歓）、「行列の儀」（古代人の一族が勢揃いし、行列を行う）、「歓迎の儀」（古代人と現代人との交流）、「昇天の儀」（古代人がメッセージを残して昇天する）という一連の流れに沿って進行することが特徴である。同時に産業祭、文化祭、商工まつり、さらには広場ステージでの歌や各種の踊り、演歌歌手の歌謡ショー、協賛イベントとしてヘリコプター遊覧飛行、芝山町立芝山古墳・はにわ博物館での古代体験村（火おこし、古代チーズ（酥）の試食、貝がらブレスレットづくり、勾玉づくり、縄文アクセサリー（鹿角）づくりなど）、ミニSL、写真コンクールなど実に盛りだくさんのイベントが実施されている。また、地域の小中学生が古代人に扮してまつりに参加し、子ども会が行列に加わるなど、まつり

図51　遺跡まつりに参加する地元中学生（「芝山はにわ祭」）

を通じて子どもたちの郷土意識を高める機会となっている。

　次に、「くずう原人まつり」は栃木県佐野市葛生地区（2005年に佐野市と合併する以前は葛生町）で開催されている。葛生は石灰・砕石産業が基幹産業の町であり、石灰・砕石運搬用のトラックが走り回る「ほこりの町」のイメージが強かった。また、石灰岩地帯であるため多量の動物化石を産出する「化石の町」でもあり、1950（昭和25）年に葛生原人の化石骨が発見され日本史の教科書に掲載された。その後石灰産業は停滞し、町の人口も減少するという状況の中で1987（昭和62）年度の中小企業庁の「地域小規模事業活性化推進事業」の指定を受けて「むらおこし実行委員会」が組織され、「むらおこし事業」の一環として町商工会青年部を中心に地元の企業や商店の協力を得て1988（昭和63）年に第1回「くずう原人まつり」が開催された。その後、2001（平成13）年に松浦秀治氏・春成秀爾氏・馬場悠男氏が現存する8点の「原人」の骨を分析した結果4点がサルやクマの動物骨であり、人骨と鑑定された資料も年代測定の結果15世紀頃のものであることが判明したが、既に地元に定着していた「くずう原人まつり」はその後も継続されている。「くずう原人まつり」の主催はむらおこし実行委員会、後援は佐野市などで協賛は地元企業や地元商店である。催し物としては、原人ステージにおいて初日の開会式、第1回スタンプラリー抽選会、コンサート、翌日の灼熱のサンシャインライブ、第2回スタンプラリー抽選会、第3回スタンプラリー抽選会、和太鼓の共演が行われている。その他にフリーステージ、原人キャンドル（葛生中学校校庭）、原人村（ゲンさんの焼き・火おこし体験）、親子ワイワイコーナー　フェイスペイント・粘土コーナー、原人ベーゴマ、ブーブー広場　ミニブタのショー、ポニー広場ポニーの乗馬、ふれあい動物園、朝市会売店など盛りだくさんである（櫻井2006）。「くずう原人まつり」は地元の商工会青年部を中心とした行政に依存しない「手づくり」のまつりである点が特徴であり、2001年に「原人」が幻となった後もまつりを継続させることができた理由もそこにある。

　これらの事例を検討すると、町おこし型の遺跡まつりに次のような特徴を見出すことができる（図50）。まず、遺跡まつりが成立する要件として、①本物

であること（真正性）、②エピソード（物語）の存在、③仕掛人の存在があげられる。このうち、本物であること（真正性）はその遺跡が考古学的な価値のある「本物」であるということであり、これについては考古学者がそのお墨付きを与える役割を担うことになる。次のエピソード（物語）とは、遺跡まつりの契機となった物語や実現にあたっての苦労話などであり、「芝山はにわ祭」は成田空港建設問題であり、「くずう原人まつり」は「ほこりの町」と呼ばれた旧葛生町の実情である。最後の仕掛け人は、まつりの実現に中心的な役割を果たした人物の存在である。「芝山はにわ祭」の場合は、自費を投じて豪族の衣装を復元した伊藤高夫氏、芝山仁王尊の住職浜名徳永氏、千葉大学教授村山元英氏、「花の輪運動」の推進者土井修司氏らであり、「くずう原人まつり」の場合は、実行委員長の広瀬直道氏がこれにあたる。

　次に、遺跡まつりが成功する秘訣として、①古代のイメージの具現化、②他の催しとの連携、③イベントの変化と多様性があげられる。最初の古代のイメージの具現化は、実際に古代人や原人をまつりに登場させることであり、「芝山はにわ祭」の場合は当時の衣装を身にまとった人々、「くずう原人まつり」は原人のキャラクター「ゲンさん」（図52）である。次の他の催しとの連携としては、「芝山はにわ祭」の場合「産業祭」や「文化祭」、「くずう原人まつり」の場合「朝市会」などである。最後のイベントの変化と多様性は、まつりにとって中核となる催し以外は固定させず変化させること、そしてイベントに多様性をもたせ、すべての年齢層が楽しめるようにすることである。「芝山はにわ祭」の場合は「降臨の儀」、「交歓の儀」、「行列の儀」、「歓迎の儀」、「昇天の儀」という一連の儀式の流れは固定しているが、その他のイベントは年によって変化しており、「くずう原人まつり」の場合も開会式の「火おこし」は定番になっているが、「原人リズム」、「原人コンテスト」、「原人トライアスロン」などのイベントは短い期間で消滅している。また、どちらのまつりにも幼児向けの「移動動物園」があるなどすべての年齢層に対応しようとしている点も重要な要素である。

　このような遺跡まつりの運営における諸条件は、遺跡まつりを町おこしとし

て興行的に成功させ、継続させるために必要なものであるが、遺跡まつりの開催し、継続させることにより「地域アイデンティティ」(加原 2004)が創出されるという点も見逃せない。例えば、「芝山はにわ祭」によって古墳や埴輪の地域イメージが定着し、古代人に扮装してまつりに参加した地元の小中学生(図51)に地域アイデンティティが芽生える契機となりうるのである(櫻井 2014)。文化庁が刊行した『埋蔵文化財の保存と活用(報告)―地域づくり・ひとづくりをめざす埋蔵文化財保護行政―』(埋蔵文化財発掘調査体制等の整備充実に関する調査研究委員会 2007)において埋蔵文化財の「地域および教育的資産としての意義」として「地域のアイデンティティの確立」があげられているが、それを通常の埋蔵文化財の普及啓蒙活動で成し遂げることは難しく、遺跡まつりにその役割を担うことが期待されるのである。このように、遺跡まつりは遺跡の活用の方法の一つとして様々な可能性を秘めた地域イベントであることがわかる。

社会に開かれた考古学へ向けて

　考古学と現代社会の関係については、以前から多くの研究者が議論を展開してきた。また、本書で扱った考古学とポピュラー・カルチャー(大衆文化)の問題も考古学と現代社会の関係を探るアプローチの方法の一つであり、既に紹介した観光考古学や遺跡を利用した地域おこしといった研究テーマも新たに浮上してきている。さらに、これら考古学と現代社会に関わる諸問題を扱う新たな研究分野として近年、パブリック・アーケオロジーが話題となっており、数年前に松田陽氏、岡村勝行氏による待望のパブリック・アーケオロジーの入門書(松田・岡村勝 2012)が刊行され、注目を集めている。パブリック・アーケオロジーは「考古学と社会との関係を研究し、その成果に基づいて、両者の関係を実践を通して改善する試み」(松田・岡村勝 2012：21頁)と定義されており、扱う内容は国内外の考古学政策、考古学と教育、考古学と政治・経済、考古学と民族、考古学と観光など多岐にわたっている。パブリック・アーケオ

ロジーは欧米において発展してきた新たな考古学の分野であるが、この考え方をわが国にも導入しようという試みが松田・岡村氏らによって推進されてきた（中西・岡村勝 2004、松田 2005、松田・岡村勝 2005、岡村勝 2006、松田・岡村勝 2012、松田 2013など）。

　パブリック・アーケオロジーという言葉が初めて使用されたのは1972年にアメリカで刊行されたマクギムジー氏の『パブリック・アーケオロジー』（McGimsey C.R. 1972）であるとされている。この著書が刊行された背景には急激に進行する遺跡の破壊があり、考古学者が市民を教導して遺跡を破壊から守るためのシステム（文化遺産マネジメント）を構築する必要性が訴えられている。このように、当初は文化遺産の保護や記録という関心事がパブリック・アーケオロジーの議論の中心であったが、1980年代の北米やオーストラリアにおいてマイノリティの視点から遺跡や遺物の現在的意味や価値が強調され、考古学の政治的利用という観点からの議論が活発となるなかでパブリック・アーケオロジーは新たな進展をみせてきた。また、イギリスにおいてもポストモダンの影響やイデオロギーの弱体化、ジェンダー論、文化相対主義、ポスト植民地主義への関心などからパブリック・アーケオロジーの意識が高まった（松田 2005）。そして、1990年代以降になると考古学が行政や博物館だけでなく、観光やレジャー産業に積極的関与するという新たな展開を見せるなかで、2001年には『Public Archaeology』誌が創刊され、パブリック・アーケオロジーが世界的に普及していった。さらに、パブリック・アーケオロジー普及の背景にWAC（World Archaeological Congress：世界考古学会議）によるサポートがある。2006（平成18）年に『共生の考古学―過去との対話、遺産の継承』というテーマで世界考古学会議中間会議大阪大会（世界考古学会議中間会議大阪大会実行委員会事務局 2006）が開催されたが、その中で「遺産の継承」がテーマの一つになっており、「パブリック考古学―考古学は誰のためのものか」というセッションが設けられ、この大会を契機にわが国でもパブリック・アーケオロジーへの関心が高まった。

　パブリック・アーケオロジーが扱うテーマは考古学と社会に関わる諸問題で

あるが、具体的に『Public Archaeology』誌では「国際的・国内的・地域的な考古学の方針・政策」「教育と考古学」「政治と考古学」「考古学と遺物売買」「民族と考古学」「市民の考古学への参加」「考古学と法」「考古学の経済性」「観光と考古学」などが主なテーマとなっている（松田・岡村勝 2012）。パブリック・アーケオロジーはこのような多岐にわたる研究テーマを扱う学問領域であり、従来の「遺跡の保護と活用」「学校教育と考古学」「考古学とナショナリズム」「ジャーナリズムと考古学」（近藤義郎ほか編 1986）、さらには観光考古学や本書で扱った「考古学とポピュラー・カルチャー（大衆文化）」といった研究テーマはすべてパブリック・アーケオロジーに属することになる。また、パブリック・アーケオロジーは理論として位置づけられるだけではなく、考古学者自身の運動や社会的実践であると松田・岡村氏が述べているように（松田・岡村勝 2012）、パブリック・アーケオロジーは理論と実践の場が連動している研究分野であることも認識すべき点である。

　わが国におけるパブリック・アーケオロジーの現況としては、パブリック・アーケオロジーを分類・分析する際の指標として示された「教育的」「広報的」「多義的」「批判的」という四つのアプローチの方法（松田・岡村勝 2012）のうち「教育的」「広報的」アプローチはわが国で積極的に採用されていると松田氏は指摘している（松田 2013）。具体的には、出版物や展覧会、新聞やテレビなどのメディア（インターネットも含む）によるもの、さらには発掘調査の現地説明会などであり、その背景に地元の教育委員会や埋蔵文化財センターによるバックアップがある。これに対し、松田氏はわが国では「多義的」「批判的」アプローチが採用されることはあまりないと述べている。このうち「多義的」アプローチについては遺跡や遺物に関わる人物によってその解釈や意味合いが異なることを意味しており、1986年に開催されたWAC（世界考古学会議）の「ストーンヘンジは誰のものか？」という展示でストーンヘンジが遺跡として考古学者に認識されているだけでなく、聖なるモニュメントとみなすドルイド教徒、自由解放の象徴とみなすニューエイジ信仰団体、ブリテン島先住民を自称する人々、さらには報導するマスコミ、取り締まる警察官、

一般市民などが存在するという非常にわかりやすい説明がなされている（松田・岡村勝 2005）。また、このことについて松田氏は「現在の文脈において遺跡に価値を見出すという行為に関しては、考古学者はあくまでも一利害集団だということである」（松田・岡村勝 2012：48・49頁）と述べているが、時代や地域、宗教やイデオロギー、あるいはその人が置かれた立場によって遺跡に対する意識に違いがあることを再確認し、遺跡や遺物の意味づけや価値は相対的なものであることを示すこともパブリック・アーケオロジーの重要な使命である。

　さらに、考古学的言説を一般の人々に分かりやすく伝えることもパブリック・アーケオロジーに対して与えられた課題の一つであろう。かつて佐原真氏は「考古学をやさしくしよう」（佐原 1987）や「考古学を楽しくしよう」（佐原 1991）という文章の中で、考古学者が使用する術語（専門用語）が一般の人々には分かりづらいことを指摘しながら、考古学の成果をやさしく示すことの重要性を訴えていた。そして、佐原氏は一般市民へのサービスや思いやりが必要であることを繰り返し述べているが、その際にデパートで開催されていた展覧会の入場者のデータなどから考古学や歴史に興味を持っている人は15～79歳の人々の0.1～1％程度であると推測し、1％の考古学や歴史に興味ある一般市民に対してではなく、残りの99％の人にとっても分かりやすく楽しい説明をすべきであると様々な実例をあげて説明している。このように一般の人々を遺跡や博物館に惹き付け、考古学に興味を持たせるという意味では近年、博物館や埋蔵文化財センターにおいて独自のキャラクターを登場させ、遺跡や考古学に親しみ、興味を持ってもらおうという試みが実践されている（宮代 2010）。

　例えば、博物館のキャラクターというと三内丸山遺跡の大形板状土偶をモチーフとした「さんまる」（図52）、埼玉県熊谷市野原古墳出土の踊る埴輪をモチーフとした東京国立博物館の「トーハクくん」などが思い浮かぶが、2010（平成22）年からは博物館や美術館のキャラクターの人気をインターネットで投票する『ミュージアムキャラクター・アワード』が実施され多くのキャラク

ターが登場している。このうちランキングされた遺跡・遺物関連のキャラクターは2010年度が2件、2011年度が9件、2012度が2件と全体で13件であり、その内訳は土偶が5件、埴輪が5件、勾玉が3件、銅鐸が2件、土器が2点、須恵器が1件、銅鏡が1件、瓦が1件、古墳が1件、竪穴住居が1件であった（ただし、複数の要素が含まれるキャラクターも存在する）。一般的に擬人化しやすい土偶や埴輪がキャラクター化されると思われがちであるが、必ずしもそうではなく土偶や埴輪以外のキャラクターにも人気が集まっている。実際に上位ベストテンにランキングされた遺跡・遺物関連のキャラクターは、2010年度では竪穴住居をモチーフにした「トロベー」（登呂遺跡博物館）が9位、2011年度では四隅突出形古墳と勾玉をモチーフにした「よすみちゃん」（出雲弥生の森博物館）が1位、分銅形土偶をモチーフにした「ふんどう君」（松山市埋蔵文化財センター）が5位、須恵器と銅鐸をモチーフにした「すえちゃん、どうたくん」（豊田市郷土資料館）が8位、2012年度では土偶をモチーフにした「文蔵くん、まいちゃん」（高知県埋蔵文化財センター）が9位、2013年度では人物埴輪をモチーフにした「イワミン」（奈良県立橿原考古学研究所付属博物館）が2位という結果であった。また、この結果をみる限り、デフォルメされることなくモデルとなった遺跡・遺物が細部までリアルに表現されているキャラクターのランキングは必ずしも高くないようである。

　これらのキャラクターは博物館の図録やポスターなどの印刷物や看板などに登場することが多いが、「着ぐるみ」で様々なイベントに登場し、現在ブームとなっている「ゆるキャラ」の中にも遺物がモチーフになっているものがある。大阪府高槻市の公式キャラクターの「はにたん」、埼玉県本庄市の公式キャラクターである「はにぽん」、千葉県芝山町の公式キャラクターである「しばっこくん」などである。これらはすべて人物埴輪がモチーフになっており、「はにたん」は今城塚古墳出土の人物埴輪、「はにぽん」も本庄市内出土の笑う盾持ち人物埴輪がモデルになっているが、『ゆるキャラグランプリ2012』では「はにたん」は86位、「はにぽん」は226位という結果であった。これに対し、現在注目されているキャラクターが東京都国分寺市の非公式キャラクター

青森県三内丸山遺跡の
「さんまる」

東京都国分寺市の
「にしこくん」

栃木県佐野市の「ゲンさん」
（くずう原人まつり）

図52　さまざまなキャラクター

「にしこくん」である（図52）。「にしこくん」はかつて国分寺に住んでいたデザイナーの女性が作ったキャラクターであり、武蔵国分寺出土の鐙瓦がモチーフとなっている。このキャラクターは『ゆるキャラグランプリ2011』で堂々全国3位に入賞しており、武蔵国の妖精で上半身が鐙瓦で下半身が人間という強烈なインパクトのある姿である。「にしこくん」は関連グッズが販売されCMに起用されるなど「ゆるキャラ」として人気を得ているが、多くの人々はそれが武蔵国分寺から出土した鐙瓦をモチーフとしていることは知らないと思われる。

　博物館や美術館のキャラクターにしろ「ゆるキャラ」にしろ、それが一般の人々に受け入れられる条件が何であるか興味あるところである。一般の人々が遺跡や考古学に関連するどのようなキャラクターを好むかを知るためには遺跡や遺物、さらには原始人や古代人が一般にどのようなイメージで捉えられているか検討する必要があるが（その背景に映画やアニメなどのポピュラー・カルチャーの影響があると考えられる）、このような努力が考古学と現代社会との距離を縮めるための足掛かりとなるのである。

参考文献

秋田麻早子　2007『掘れ掘れ読本』バジリコ株式会社
池田光穂「遺跡観光の光と影」石森秀三編　1996『観光の二〇世紀』ドメス出版
石部正志・宮川　徙　1986「「天皇陵」の考古学」『岩波講座日本考古学　7現代と考古学』岩波書店
石森秀三編　1996『観光の二〇世紀』ドメス出版
伊藤啓子　2004『わく沸くどき土器　私は遺跡発掘作業員』青娥書房
稲田孝司　1986「遺跡の保護」『岩波講座日本考古学　7現代と考古学』岩波書店
内田康夫　2003『箸墓幻想』角川文庫
愛媛県立歴史文化博物館　2006「「赤シャツ」と考古学」『歴博だより』44号
江見水蔭　1907『地底探検記』博文館
江見水蔭　1909『地中の秘密』博文館
大津忠彦　2009「小説『内海の輪』に読む考古学」『筑紫女学園大学・筑紫女学園大学短期大学部紀要』第4号
大津忠彦　2010「野上弥生子著『真知子』」における考古学像とその背景」『筑紫女学園大学・筑紫女学園大学短期大学部紀要』第5号
岡田知子　2006a「遺跡と冒険の国　カンボジアを舞台にした映像」上田広美・岡田知子編著『カンボジアを知るための60章』明石書店
岡田知子　2006b「日本のマンガに見るカンボジア」上田広美・岡田知子編著『カンボジアを知るための60章』明石書店
岡村勝行　2006「パブリック考古学最前線（4）」『考古学研究』52巻4号
岡村勝行　2011「私たちはどこにいるか―現代考古学の国際比較から―」『考古学研究』58巻5号
岡村道雄　2010『旧石器遺跡「捏造事件」』山川出版社
小川伸彦　2003「ブームとしての古代史」荻野昌弘編『文化遺産の社会学』新曜社
小川（中西）裕見子・マシュ・W．ヴァン・ベルト　2005「パブリック考古学最前線（2）」『考古学研究』52巻2号
荻野昌弘編　2002『文化遺産の社会学』新曜社
影山明仁　2008『名作マンガの間取り』ソフトバンククリエイティブ株式会社
金関　恕編　2003『季刊考古学別冊12　ジャーナリストが語る考古学』雄山閣
加原奈穂子　2004「地域アイデンティティ創出の核としての桃太郎―岡山における桃太郎伝説の事例から―」『日本民俗学』236号

菊池徹夫　2007『考古学の教室』平凡社新書
鬼頭清明　1986「邪馬台国論争と考古学」『岩波講座日本考古学　7 現代と考古学』岩波書店
クリスティー・アガサ（深町眞理子訳）　2004『さあ、あなたの暮らしぶりを話して』早川書房
講談社編　2012『ブンブンブック　にしこくん』
国際航業株式会社　2005『観光考古学Ⅱ』
国際航業株式会社　2006a「特集　観光考古学Ⅱ」『文化遺産の世界』vol.20
国際航業株式会社　2006b『シンポジウム記録集　観光考古学　記録と展望』
小山修三　1996「カナダ先住民社会の考古学遺跡と観光」石森秀三編『観光の二〇世紀』ドメス出版
近藤義郎他編　1986『岩波講座日本考古学　7 現代と考古学』岩波書店
酒井龍一　1990『考古学者の考古学』（財）大阪文化財センター
坂詰秀一　2004「観光考古学の可能性」『文化遺産の世界』vol.14
坂詰秀一編　2010「特集　観光考古学Ⅰ」『考古学ジャーナル』607号
坂詰秀一編　2011a「特集　観光考古学Ⅱ」『考古学ジャーナル』609号
坂詰秀一編　2011b「特集　観光考古学Ⅲ」『考古学ジャーナル』619号
坂詰秀一監修　2012『考古調査ハンドブック7　観光考古学』ニューサイエンス社
櫻井準也　2006「消費される遺跡、継承される遺跡―「くずう原人まつり」にみる遺跡の活用―」東邦大学付属東邦高等学校考古学研究会『東邦考古』30号
櫻井準也　2009「文化資産としての遺跡―遺跡まつりと町おこし―」ヘリテージ・スタディーズ研究会『シンポジウム　文化資産の活用と地域文化政策の未来　論文集』
櫻井準也　2010「大衆文化と考古学―考古学者はどのように描かれてきたか―」日本考古学協会『日本考古学協会第76回総会研究発表要旨』
櫻井準也　2011『歴史に語られた遺跡・遺物―認識と利用の系譜―』慶應義塾大学出版会
櫻井準也　2014「遺跡まつりと地域アイデンティティ―「芝山はにわ祭」の事例分析から―」『尚美学園大学総合政策研究紀要』第24号
里山春樹　2009『東京発掘物語』講談社
佐原　真　1987「考古学をやさしくしよう」『京都府埋蔵文化財論集　第1集』京都府埋蔵文化財調査研究センター（佐原　真　2005『佐原　真の仕事6　考古学と現代』へ転載）
佐原　真　1991「考古学を楽しくしよう」『京都府埋蔵文化財論集　第2集』京都府埋蔵文化財調査研究センター（佐原　真　2005『佐原　真の仕事6　考古学と現代』へ転載）
澤村　明　2010『文化遺産と地域経済』同成社
澤村　明　2011『遺跡と観光』同成社

参考文献　129

下垣仁志　2010「フィクションの考古学者」『遠古登攀』遠山昭登君追悼考古学論集遠古登攀刊行会
鈴木公雄　1988『考古学入門』東京大学出版会
世界考古学会議中間会議大阪大会実行委員会事務局　2006『共生の考古学―過去との対話、遺産の継承　世界考古学会議中間会議大阪大会　2006プログラム・要旨集』
前・中期旧石器問題調査研究特別委員会編　2003『前・中期旧石器問題の検証』日本考古学協会
田中　琢　1986a「総論―現代社会のなかの日本考古学―」『岩波講座日本考古学　7 現代と考古学』岩波書店
田中　琢　1986b「考古学とナショナリズム」『岩波講座日本考古学　7 現代と考古学』岩波書店
都出比呂志　1986「日本考古学と社会」『岩波講座日本考古学　7 現代と考古学』岩波書店
勅使河原　彰　1988『日本考古学史』東京大学出版会
勅使河原　彰　1995『日本考古学の歩み』名著出版
勅使河原　彰　2005『歴史教科書は古代をどう描いてきたか』新日本出版社
戸梶圭太　2003『さくらインテリーズ』早川書房
時津裕子　2007『鑑識眼の科学』青木書店
中西裕見子・岡村勝行　2004「英国における文化遺産研究の理論と方法」『遺跡学研究』第1号
中村俊介　2004『文化財報道と新聞記者』吉川弘文館
名本二六雄　1997「「坊っちゃん」の考古学」『愛媛考古学』14号
新納　泉　1986「ジャーナリズムと考古学」『岩波講座日本考古学　7 現代と考古学』岩波書店
ニコル・クーリッジ・ルーマニエール　2012「現代の土偶現象」『土偶・コスモス』羽鳥書店
西川　宏　1986「学校教育と考古学」『岩波講座日本考古学　7 現代と考古学』岩波書店
橋本和也　1999『観光人類学の戦略　文化の売り方・売られ方』世界思想社
土生田純之編　2009『文化遺産と現代』同成社
ホブズボウム＆レンジャー編（前川・梶原他訳）　1992『創られた伝統』紀伊国屋書店
ポミアン・クシシトフ　2002「フランク人とガリア人」ピエール・ノラ編（谷川稔監訳）『記憶の場　フランス国民意識の文化＝社会史第1巻　対立』岩波書店
埋蔵文化財行政研究会　2002『平成14年度第3回埋蔵文化財行政研究会発表要旨　遺跡の整備と活用の実態』
埋蔵文化財行政研究会　2003『遺跡の保存と活用―シンポジウム記録集―』
埋蔵文化財発掘調査体制等の整備充実に関する調査研究委員会　2007『埋蔵文化財の保

存と活用（報告）―地域づくり・ひとづくりをめざす埋蔵文化財保護行政―』
松田　陽　2005「パブリック考古学の遺跡への導入―英国の事例考察および日本におけるその適用の可能性―」『遺跡学研究』第2号
松田　陽　2013「パブリック・アーケオロジーの視点から見た考古学、文化財、文化遺産」『考古学研究』60巻2号
松田　陽・岡村勝行　2005「パブリック考古学最前線1　パブリック考古学の成立と英国における発展」『考古学研究』52巻1号
松田　陽・岡村勝行　2012『入門パブリック・アーケオロジー』同成社
松本直子・中園　聡・川口香奈絵　1999「フェミニズムとジェンダー考古学」『HOMINIDS』第2号
松本直子・中園　聡・時津裕子編　2004『認知考古学とは何か』青木書店
まりこふん　2014『まりこふんの古墳ブック』山と渓谷社
宮崎　駿（原作）・久保つぎこ（文）　1988『小説となりのトトロ』アニメージュ文庫
宮崎　駿　1996『出発点［1979～1996］』徳間書店
宮代栄一　2010「遺跡も予算も発掘せよ　考古学施設のゆるキャラ続々」『朝日新聞東京版　2010年11月29日』
もりたじゅん　1999『大変愛』集英社
森本和男　2001『遺跡と発掘の社会史』彩流社
山下晋司編　1996『観光人類学』新曜社
山下晋司編　2007『観光文化学』新曜社
わたべ淳　2008『遺跡の人』双葉社
Classen,C.（ed.）1994 *Women in Archaeology*. Univ. of Pennsylvania Press.
Day,D.H. 1997 *A Treasure Hard to Attain:Images of Archaeology in Popular Film,with a Filmography*. Scarecrow Press.
Holtorf,C. 2005 *From Stonehenge to Las Vegas : Archaeology as Popular Culture*. Altamila.
Holtorf,C. 2007 *Archaeology is a Brand : the Meaning of Archaeology in Contemporary Popular Culture*. Left Coast Press.
McGimsey,C.R. 1972 *Public Archaeology*, Seminar Press.
Nicole,C.R. 2009 Rediscovering dogu in modern Japan. Simon Kaner（ed.）*Power of Dogu*. British Museum Press.
Renfrew,C. 2003 *Figuring It Out : The Parallel Visions of Artist and Archaeologists*. Thames and Hudson.
Russell,Miles（ed.）2002 *Digging Holes in Popular Culture―Archaeology and Science Fiction*.Oxbow Books.
Tilley,C. 1993 *Interpretative Archaeology*. Berg.
Walker, C. and N. Carr（ed.）2013 *Tourism and Archaeology*. Left Coast Press.

考古学者が登場するポピュラー・カルチャーの作品リスト

＊遺跡や遺物が登場する作品も含む。
＊『タイトル』／原作／監督／制作・公開・放映年／配給会社・制作局／考古学者（キャスト・声優）／掲載章の順に収録

映画作品

1. 『ベン・ハー』（サイレント）／ルー・ウォーレス原作『ベン・ハー　キリストの物語』／フレッド・ニブロ監督／1928年公開／UA日本支社／なし／6章
2. 『ミイラ再生』／カール・フロイント監督／1932年制作／大日本ユニヴァーサル社／ジョセフ・ウィンプル卿（アーサー・バイロン）、ラルフ・ノートン（ブラムウェル・フレッチャー）、ピアソン教授（レオナード・ムーディ）、フランク・ウィンプル（デヴィッド・マナーズ）／1・2・5章
3. 『ポンペイ最後の日』／エドワード・ブルワー＝リットン原作／アーネスト・B・シューザック監督／1935年制作、日本未公開／なし／6章
4. 『男の償い』／吉屋信子原作／野村浩将監督／1937年公開／松竹／伊狩滋（佐分利信）／1・2章
5. 『紀元前百万年』／ハル・ローチ監督／1940年製作、1951年公開／松竹／考古学者（コンラッド・ナーゲル）／1・2章
6. 『シーザーとクレオパトラ』／バーナード・ショー原作／ガブリエル・パスカル監督／1945年制作、1950年公開／BCFC＝NCC／なし／6章
7. 『舞姫』／川端康成原作／成瀬巳喜男監督／1951年公開／東宝／矢木元男（山村聰）／2章
8. 『武蔵野夫人』／大岡昇平原作／溝口健二監督／1951年公開／東宝／なし／6章
9. 『イタリア旅行』／コレット原作／ロベルト・ロッセリーニ監督／1954年制作、1988年公開／大映／トニー・バートン（アントニー・ラ・ベンナ）／2・6章
10. 『十戒』／セシル・B・デミル監督／1958年公開／パラマウント／なし／6章
11. 『恋人たち』／イヴァン・ドノン原作『明日はない』／ルイ・マル監督／1959年公開／映配／ベルナール（ジャン・マルク・ボリー）／2章
12. 『ミイラの幽霊』／テレンス・フィッシャー監督／1959年公開／ユニヴァーサル／ジョン・バニング（ピーター・カッシング）／2・5章
13. 『スパルタカス』／ハワード・ファスト原作／スタンリー・キューブリック監督／1960年公開／ユニヴァーサル／なし／6章

14. 『ベン・ハー』／ウィリアム・ワイラー監督／1960年公開／MGM／6章
15. 『アラビアのロレンス』／デヴィッド・リーン監督／1963年公開／コロムビア／トーマス・エドワード・ロレンス（ピーター・オトゥール）／2・5章
16. 『クレオパトラ』／ジョセフ・L・マンキーウィッツ監督／1963年公開／20世紀フォックス／なし／6章
17. 『ローマ帝国の滅亡』／アンソニー・マン監督／1964年公開／コロムビア／なし／6章
18. 『アラベスク』／ゴードン・コットラー原作『暗号』／スタンリー・ドーネン監督／1966年公開／ユニヴァーサル／ポロック（グレゴリー・ペック）／5章
19. 『クレージーメキシコ大作戦』／坪島孝監督／1968年公開／東宝／なし／1章
20. 『猿の惑星』／ピエール・ブール原作／フランクリン・J・シャフナー監督／1968年公開／20世紀フォックス／コーネリアス（ロディ・マクドウォール）／2・5・6章
21. 『チップス先生さようなら』／ジェームズ・ヒルトン原作／ハーバート・ロス監督／1969年公開／MGM／なし／2・5・6章
22. 『続猿の惑星』／ピエール・ブール原作／テッド・ポスト監督／1970年公開／20世紀フォックス／コーネリアス（ディヴィッド・ワトソン）／2・5・6章
23. 『王女テラの棺』／ブラム・ストーカー原作／セス・ホルト、マイケル・カレラス監督／1971年制作、日本未公開／ジェネオン・ユニバーサル・エンターテイメント／ジュリアン・フックス（アンドリュー・キア）、コーベック（ジェームズ・ビリアース）／1・2・5章
24. 『新猿の惑星』／ピエール・ブール原作／ドン・テイラー監督／1971年公開／20世紀フォックス／コーネリアス（ロディ・マクドウォール）／2・5・6章
25. 『内海の輪』／松本清張原作／斎藤耕一監督／1971年公開／松竹／江村宗三（中尾彬）／1・2章
26. 『エマニエル夫人』／エマニュエル・アルサン原作／ジュスト・ジャカン監督／1974年公開／日本ヘラルド映画／ビー（マリカ・グリーン）／3章
27. 『ゴジラ対メカゴジラ』／福田純監督／1974年公開／東宝／金城冴子（田島令子）、和倉博士（小泉博）／2章
28. 『男はつらいよ　葛飾立志篇』／山田洋次監督／1975年公開／松竹／田所教授（小林桂樹）、筧礼子（樫山文枝）／2・5章
29. 『オーメン』／リチャード・ドナー監督／1976年公開／20世紀フォックス／ブーゲン・ハーゲン（レオ・マッカーン）／2章
30. 『ナイル殺人事件』／アガサ・クリスティー原作／ジョン・ギラーミン監督／1978年公開／東宝・東和／なし／6章
31. 『オーメン2　ダミアン』／ドン・テイラー監督／1979年公開／20世紀フォックス／ブーゲン・ハーゲン（レオ・マッカーン）／2章

32. 『007　ムーンレイカー』／イアン・フレミング原作／ルイス・ギルバート監督／1979年公開／ユナイテッド・アーティスツ／なし／6章
33. 『スフィンクス』／ロビン・クック原作／フランクリン・J・シャフナー監督／1981年公開／ワーナー・ブラザーズ映画／エリカ・バロン（レスリー・アン・ダウン）／3・5章
34. 『007　ユア・アイズ・オンリー』／イアン・フレミング原作／ジョン・グレン監督／1981年公開／ユナイテッド・アーティスツ／ティモシー・ハブロック卿（ジャック・ヘドレイ）／1章
35. 『レイダース　失われたアーク《聖櫃》』／スティーヴン・スピルバーグ監督／1981年公開／パラマウント映画／インディ・ジョーンズ（ハリソン・フォード）／1・3・5章
36. 『連合艦隊』／松林宗恵監督／1981年公開／東宝／本郷直樹（森繁久彌）／3章
37. 『マンハッタンベイビー』／ルチオ・フルチ監督／1982年制作、日本未公開／ジョージ・ハッカー（クリストファー・コネリー）／3章
38. 『赤い影』／ダフネ・デュ・モーリア原作／ニコラス・ローグ監督／1973年制作、1983年公開／日本ヘラルド映画／ジョン・バクスター（ドナルド・サザーランド）／5章
39. 『インディ・ジョーンズ　魔宮の伝説』／スティーヴン・スピルバーグ監督／1984年公開／パラマウント映画／インディ・ジョーンズ（ハリソン・フォード）／3・5章
40. 『アイスマン』／フレッド・スケピシ監督／1984年公開／ユニヴァーサル映画／スタンリー・シェパード（ティモシー・ハットン）／1・5章
41. 『シガニー・ウィーバーの大発掘』／ダニエル・ヴンニュ監督／1985年制作、日本未公開／ジュリアン（ジェラール・ドパルデュー）／1・3章
42. 『花いちもんめ』／伊藤俊也監督／1985年公開／東映／鷹野冬吉（千秋実）／3章
43. 『カイロの紫のバラ』／ウッディ・アレン監督／1986年公開／ワーナー映画／トム・バクスター（ジェフ・ダニエルズ）／1・3章
44. 『キングソロモンの秘宝』／ライダー・ハガード原作『ソロモン王の洞窟』／J・リー・トンプソン監督／1986年公開／日本ヘラルド／ヒューストン教授（ベルナルド・アーチャード）／1・3章
45. 『白蛇伝説』／ブラム・ストーカー原作『白蛇の巣』／ケン・ラッセル監督／1989年公開／ベストロン映画／アンガス・フリント（ピーター・キャパルディ）／3章
46. 『インディ・ジョーンズ　最後の聖戦』／スティーヴン・スピルバーグ監督／1989年公開／パラマウント／インディ・ジョーンズ（ハリソン・フォード）／1・3・5章
47. 『インディと冒険野郎たち』／レス・メイフィールド、ウィリアム・ラス監督／1989年制作、日本未公開（1991年ビデオ発売）／パラマウントジャパン／イン

ディ・ジョーンズ（ハリソン・フォード）／3章
48. 『ルチオ・フルチの新デモンズ』／ルチオ・フルチ監督／1990年制作、日本未公開／ライザ・ハリス（メグ・レジスター）／3章
49. 『ヒルコ　妖怪ハンター』／諸星大二郎原作／塚本晋也監督／1991年公開／松竹富士／稗田礼二郎（沢田研二）／3・5章
50. 『ゴジラVSモスラ』／大河原孝夫監督／1992年公開／東宝／藤戸拓也（別所哲也）／3・5章
51. 『霊幻道士6　史上最強のキョンシー登場!!』／トン・ウェイシン監督／1992年制作、日本未公開／J.V.D.／イギリス人考古学者／3章
52. 『ジュラシック・パーク』／スティーヴン・スピルバーグ監督／1993年公開／ユニヴァーサル映画／なし／1章
53. 『卒業旅行　ニホンから来ました』／金子修介監督／1993年公開／東宝／三木靖男（織田裕二）／3章
54. 『スタートレック　ジェネレーションズ』／デヴィット・カーソン監督／1994年公開／パラマウント映画／ジャン＝リュック・ピカード（パトリック・スチュワート）／5章
55. 『スターゲイト』／ローランド・エメリッヒ監督／1995年公開／東宝東和／ダニエル・ジャクソン博士（ジェームズ・スペイダー）、キャサリン・ラングフォード博士（ヴィヴェカ・リンドフォース）、ラングフォード博士（エリック・ホランド）／1・3章
56. 『イングリッシュ・ペイシェント』／マイケル・オンダーチェ原作／アンソニー・ミンゲラ監督／1997年公開／松竹富士／アルマシー（レイフ・ファインズ）／5章
57. 『フィフス・エレメント』／リュック・ベッソン監督／1997年公開／日本ヘラルド映画／パコリ教授（ジョン・ブルサル）、ビリー（ルーク・ペリー）／3章
58. 『冒険王』／チン・シウトン監督／1997年公開／ツイン／ワイ博士（ジェット・リー）／5章
59. 『スタートレック　ファーストコンタクト』／ジョナサン・フレイクス監督／1997年公開／パラマウント映画／ジャン＝リュック・ピカード（パトリック・スチュワート）／5章
60. 『ベイビークリシュナ』／高岡茂監督／1998年公開／スタジオデルタ／佐々木誠（加藤賢崇）／3章
61. 『スタートレック　叛乱』／ジョナサン・フレイクス監督／1999年公開／UIP／ジャン＝リュック・ピカード（パトリック・スチュワート）／3・5章
62. 『タロス・ザ・マミー　呪いの封印』／ラッセル・マルケイ監督／1999年公開／ジェイ・シー・エー／サム・タークル（ルイーズ・ロンバート）、リチャード・タークル博士（クリストファー・リー）、ブラッドレー・コルテーゼ（ショーン・パートウィー）／3章

63. 『ハムナプトラ　失われた砂漠の都』／スティーヴン・ソマーズ監督／1999年公開／UIP／エヴリン・カナハン（レイチェル・ワイズ）、ジョナサン・カナハン（ジョン・ハナ）／1・3・5章
64. 『ナイル』／和泉聖治監督／1999年公開／東映／西山教授（吉村作治）／3章
65. 『ムッソリーニとお茶を』／フランコ・ゼフィレッリ監督／2000年公開／UIP／ジョージー（リリー・トムリン）／4章
66. 『トゥーム・レイダー』／サイモン・ウェスト監督／2001年公開／東宝東和／ララ・クロフト（アンジェリーナ・ジョリー）、リチャード・クロフト卿（ジョン・ボイト）／1・3・4・5・7章
67. 『バイオ・アマゾネス』／ブラッド・サイクス監督／2001年制作、日本未公開／ポール（ジェフ・マルケッタ）／4章
68. 『ハムナプトラ2　黄金のピラミッド』／スティーヴン・ソマーズ監督／2001年公開／UIP／エヴリン・オコーネル（レイチェル・ワイズ）、ジョナサン・カナハン（ジョン・ハナ）／1・3・4・5章
69. 『ザ・ロイヤル・テネンバウムズ』／ウェス・アンダーソン監督／2002年公開／ブエナ・ビスタ・インターナショナル／エセル・テネンバウム（アンジェリカ・ヒューストン）／4章
70. 『ジェイソンX』／ジェームズ・アイザック監督／2002年公開／ギャガ＝ヒューマックス／ロウ教授（ジョナサン・ボッツ）／4章
71. 『抹殺者』／ジョナス・マッコード監督／2002年公開／日本ヘラルド映画／シャロン・ゴールバン（オリビア・ウィリアムズ）、ピエール・ラベール神父（デレク・ジャコビ）／4章
72. 『サイン・オブ・ゴッド』／アンドレアス・エシュバッハ原作『イエスのビデオ』／セバスチャン・ニーマン監督／2003年制作、日本未公開／ステファン（マティアス・ケーベルリン）、ウィルフォート教授（ハインリッヒ・ギスケス）／4章
73. 『スタートレック　ネメシス』／スチュワート・ベアード監督／2003年公開／UIP／ジャン＝リュック・ピカード（パトリック・スチュワート）／4・5章
74. 『トゥーム・レイダー2』／ヤン・デ・ボン監督／2003年公開／東宝東和／ララ・クロフト（アンジェリーナ・ジョリー）／1・3・4・5章
75. 『エイリアンVS. プレデター』／ポール・W・S・アンダーソン監督／2004年公開／フォックス／セバスチャン・ウェルズ（ラウル・ボヴァ）／4章
76. 『エクソシスト・ビギニング』／レニー・ハーリン監督／2004年公開／ギャガ＝ヒューマックス／フランシス神父（ジェームズ・ダーシー）／1・4章
77. 『タイムライン』／マイケル・クライトン原作／リチャード・ドナー監督／2004年公開／ギャガ＝ヒューマックス／エドワード・ジョンストン教授（ビリー・コノリー）、アンドレ・マレク（ジェラルド・バトラー）、ケイト（フランシス・オコナー）／1・4・5・6章

78. 『沈黙の標的』／マイケル・オブロウィッツ監督／2004年公開／ギャガ・コミュニケーションズ／ロバート・バーンズ教授（スティーヴン・セガール）／3・4章
79. 『永遠の語らい』／マノエル・デ・オリヴェイラ監督／2004年公開／アルシネテラン／なし／6章
80. 『モーターサイクル・ダイアリーズ』／ウォルター・サレス監督／2004年公開／ヘラルド／なし／6章
81. 『ラスト・マップ／真実を探して』／ジョーダン・ロバーツ監督／2004年制作、日本未公開／ヘンリー・レア（マイケル・ケイン）／4章
82. 『ロスト・メモリーズ』／イ・シミョン監督／2004年公開／ギャガ・コミュニケーションズ、メディアボックス／考古学者（今村昌平）／4章
83. 『奇談』／諸星大二郎原作「生命の木」／小松隆志監督／2005年公開／ザナドゥー／稗田礼二郎（阿部寛）／3・4章
84. 『レジェンド・オブ・タイタンズ』／ケヴィン・ヴァンフック監督／2005年制作、日本未公開／マット・フレッチャー（キャスパー・ヴァン・ディーン）／4章
85. 『ナショナル・トレジャー』／ジョン・タートルトーブ監督／2005年公開／ブエナビスタ／なし／1章
86. 『THE MYTH　神話』／スタンリー・トン監督／2006年公開／UIP／ジャック（ジャッキー・チェン）／3・4・5章
87. 『DOOM／ドゥーム』／アンジェイ・バートコウィアク監督／2006年公開／UIP／サマンサ・グリム博士（ロザムンド・パイク）／4章
88. 『ナイトメア・ミュージアム』／ルーイー・マイマン監督／2006年制作、日本未公開／ハリー・マッコール教授（ジェレミー・ロンドン）／4章
89. 『LOFT』／黒沢清監督／2006年公開／ファントム・フィルム／吉岡誠（豊川悦司）／4章
90. 『黒い春』／山田宗樹原作／大森一樹監督／2007年放映／WOWOW／長内惣一郎（綿引勝彦）／4章
91. 『ロックレイダー』／オレグ・シュトロム監督／2007年制作、日本未公開／ニューセレクト／アリョーナ（アナスタシア・バニーナ）／4章
92. 『ロンギヌスの槍を追え！』／デニス・ベリー監督／2007年制作、日本未公開／ニューセレクト／ソフィア・ベランジャ（エレーヌ・スザーレ）／4章
93. 『SICK HOUSE』／カーティス・ラドクリフ監督／2007年制作、日本未公開／アンナ（ジーナ・フィリップス）／4章
94. 『インディ・ジョーンズ　クリスタル・スカルの王国』／スティーヴン・スピルバーグ監督／2008年公開／パラマウントピクチャーズジャパン／インディ・ジョーンズ（ハリソン・フォード）／3・4・5章
95. 『ジャック・ハンター　クリスタル・ロッドの謎』／テリー・カニンガム監督／2008年制作、日本未公開／ジャック・ハンター（イヴァン・セルゲイ）、フレドリッ

ク・シェイファー（ショーン・ローラー）、ナディア・ラマダン（ジョアンヌ・ケリー）／4章
96. 『ジャック・ハンター2 失われた砂漠の秘宝』／テリー・カニンガム監督／2008年制作、日本未公開／ジャック・ハンター（イヴァン・セルゲイ）、ナディア・ラマダン（ジョアンヌ・ケリー）／4章
97. 『ジャック・ハンター3 呪われた黄金の冠』／テリー・カニンガム監督／2008年制作、日本未公開／ジャック・ハンター（イヴァン・セルゲイ）、ナディア・ラマダン（ジョアンヌ・ケリー）、ニコラス・ザヴァテロ（ティム・ディケイ）／4章
98. 『ストームゴッド』／ポール・ジラー監督／2008年制作、日本未公開／プライムウェーブ／ヘルム（ジェレミー・ロンドン）、スタンフォード博士（スコット・ハイランズ）／4章
99. 『旅するジーンズと19歳の旅立ち』／サナー・ハムリ監督／2008年公開／ワーナー・ブラザーズ映画／ナスリン（ショーレ・アグダシュルー）／4章
100. 『トゥーム・ソルジャー』／ニール・A・ウェントワース監督／2008年制作、日本未公開／モーガン（エリック・チゾム）／4章
101. 『トレジャー＆ドラゴン 魔の竜神と失われた王国』／ファラド・マン監督／2008年制作、日本未公開／ジャコブ・セイン博士（マイケル・シャンクス）、スーザン・ジョーダン（シャナン・ドハーティ）、マルコ・ラングフォード博士（JR・ボーン）、サミュエル・ジョーダン教授（ダンカン・フレイザー）、スチュワート・ダンバー博士（トビー・バーナー）、ヒルディー・ウェインライト助手（ヘザー・ドルクセン）／4章
102. 『ハムナプトラ3 呪われた皇帝の秘宝』／ロブ・コーエン監督／2008年公開／東宝東和／エヴリン・オコーネル（マリア・ベロ）、アレックス（ルーク・フォード）／1・2・3・5章
103. 『まぼろしの邪馬台国』／堤幸彦監督／2008年公開／東映／宮崎康平（竹中直人）／4章
104. 『ラストクルセイダーズ』／パオロ・バルツマン監督／2008年制作、日本未公開／テス（ミラ・ソルヴィーノ）／4章
105. 『レイダース 失われた魔宮と最後の王国』／アクセル・ザント監督／2008年制作、日本未公開／セバスチャン・ヘルマン（ヤン・ソスニオク）／4章
106. 『レジェンド・オブ・アーク ノアの秘宝』／デグラン・オブライエン監督／2008年制作、日本未公開／ニコラス・ザヴァテロ（ティム・ディケイ）／4章
107. 『ヤッターマン』／三池崇史監督／2009年公開／松竹＝日活／海江田博士（阿部サダヲ）／3・4・5章
108. 『非女子図鑑 B（ビー）』／深川栄洋監督／2009年公開／ニューシネマワークショップ／菅山美帆（月船さらら）、大和圭吾（田中幸太朗）／3章

テレビドラマ作品
109. 『恐怖のミイラ』／1961年放映／日本テレビ／板野博士（佐々木孝丸）／2章
110. 『ナショナルキッド』／1960・61年放映／日本教育テレビ／旗竜作（小嶋一郎・巽秀太郎）／2・5章
111. 『城砦』／井上靖原作／1966年放映／フジテレビ／高津恭一（高橋幸治）／1・2章
112. 『鉄人タイガーセブン』／1973・74年放映／フジテレビ／滝川博士（北沢彪）／2章
113. 『秘密戦隊ゴレンジャー』／1975～77放映／日本教育テレビ／清水博士（轟謙二）／2章
114. 『まつりのあとに』／川端康成原作「抒情歌」／1978年放映／毎日放送／考古学者（篠田三郎）／2章
115. 『考古学者シリーズ1　息子殺し』／ロイ・ウィンザー原作／1981年放映／テレビ朝日／相田古志郎（愛川欽也）／3・5章
116. 『考古学者シリーズ2　女主人殺し』／ロイ・ウィンザー原作／1982年放映／テレビ朝日／相田古志郎（愛川欽也）／3・5章
117. 『内海の輪』／松本清張原作／1982年放映／TBS／江村宗三（滝田栄）／1・2・3章
118. 『考古学者シリーズ3　女優殺し』／ロイ・ウィンザー原作／1983年放映／テレビ朝日／相田古志郎（愛川欽也）／3・5章
119. 『考古学者シリーズ4　若妻殺し』／1985年放映／テレビ朝日／相田古志郎（愛川欽也）／3・5章
120. 『スケバン刑事Ⅱ　少女鉄仮面伝説』／1985・86年放映／フジテレビ／早乙女七郎（宮内洋）／1・3章
121. 『考古学者シリーズ5　未亡人殺し』／1986年放映／テレビ朝日／相田古志郎（愛川欽也）／3・5章
122. 『考古学者シリーズ6　花嫁殺し』／1987年放映／テレビ朝日／相田古志郎（愛川欽也）／3・5章
123. 『新スタートレック（TNG）』／1987～94年アメリカ放映／ファースト＝ラン・シンジケーション／ジャン＝リュック・ピカード（パトリック・スチュワート）、バッシュ（ジェニファー・ヘトリック）、マーラ・アスター大尉（スーザン・パウエル）、ガレン教授（ノーマン・ロイド）／3・5章
124. 『考古学者シリーズ7　婚約者殺し』／1988年放映／テレビ朝日／相田古志郎（愛川欽也）／3・5章
125. 『考古学者シリーズ8　人妻殺し』／1989年放映／テレビ朝日／相田古志郎（愛川欽也）／3・5章
126. 『考古学者シリーズ9　美人秘書殺し』／1990年放映／テレビ朝日／相田古志郎

考古学者が登場するポピュラー・カルチャーの作品リスト　139

127. 『考古学者シリーズ10　美人コンパニオン殺し』／1990年放映／テレビ朝日／相田古志郎（愛川欽也）／3・5章
128. 『清里高原　神隠し！』／西村寿行原作「神さまの死骸」／1991年放映／TBS／戸川一郎（田村亮）／3章
129. 『考古学者シリーズ11　新妻殺し』／1991年放映／テレビ朝日／相田古志郎（愛川欽也）／3・5章
130. 『考古学者シリーズ12　美人外科医殺し』／1991年放映／テレビ朝日／相田古志郎（愛川欽也）／3・5章
131. 『考古学者シリーズ13　美人お嬢さま殺し』／1992年放映／テレビ朝日／相田古志郎（愛川欽也）／3・5章
132. 『弁護士朝日岳之助シリーズ4　考古学教室の殺人』／姉小路祐原作「赤い無罪」／1992年放映／日本テレビ／前元敦史（藤原稔史）、堀内克己（阿部祐二）、仁堂忠男（梅野泰靖）／1・3章
133. 『考古学者シリーズ14　美人真珠王殺し』／1993年放映／テレビ朝日／相田古志郎（愛川欽也）／3・5章
134. 『考古学者シリーズ15　美人デザイナー殺し』／1993年放映／テレビ朝日／相田古志郎（愛川欽也）／3・5章
135. 『名探偵ポアロ　エジプト墳墓のなぞ』／アガサ・クリスティー原作／1993年放映／NHK／ウィラード卿（ピーター・リーブス）、ポスエル博士（ジョン・ストリックランド）、シュナイダー博士（オリバー・ピエール）／2・5章
136. 『考古学者シリーズ16　人恋橋・幽霊殺し』／1994年放映／テレビ朝日／相田古志郎（愛川欽也）／3・5章
137. 『考古学者シリーズ17　美人OL殺し』／1994年放映／テレビ朝日／相田古志郎（愛川欽也）／3・5章
138. 『考古学者シリーズ18　女教師殺し』／1995年放映／テレビ朝日／相田古志郎（愛川欽也）／3・5章
139. 『未成年』／1995年放映／TBS／牛島洋平（森本レオ）／3章
140. 『金田一少年の事件簿　秘宝島殺人事件』／1995年放映／日本テレビ／佐伯京介（伊藤幸純）／3章
141. 『超力戦隊オーレンジャー』／八手三郎原作／1995・96年放映／テレビ朝日／三浦尚之（宮内洋）／3章
142. 『Xファイル　第3シーズン　骨董』／1996年放映／テレビ朝日／ローズベルト博士、ホーニング博士、ビラク博士、ルートン博士／5章
143. 『考古学者シリーズ19　美人エステティシャン殺し』／1997年放映／テレビ朝日／相田古志郎（愛川欽也）／3・5章
144. 『ウルトラセブン　失われた記憶』（OV）／神澤信一・高野敏幸監督／1998年発売

　　　　／円谷プロダクション制作／バップ／ヨシナガ助教授（のだよしこ）／3章
145. 『あすか』／1999年放映／NHK／速田俊作（藤木直人）／1・3章
146. 『仮面ライダークウガ　第1話　復活』／石ノ森章太郎原作／2000年放映／テレビ朝日／沢渡桜子（村田和美）、夏目幸吉（久保酎吉）／1・4・5章
147. 『レリック・ハンター』／2000・2002年放映／NHKBS／シドニー・フォックス（ティア・カレル）／4・5・7章
148. 『ウルトラマンコスモス　第10話　青銅の魔神』／2001年放映／毎日放送／吉井ユカリ（堀江奈々）／4・5章
149. 『ウルトラマンティガ外伝　古代に蘇る巨人』（OV）／2001年発売／TBS、円谷プロ制作／バンダイビジュアル発売／なし／6章
150. 『考古学者佐久間玲子（1）　裏切られ最後の恋を信じた女がバラバラ母子土偶と鳥のおまじないに秘めた嘘』／2001年放映／日本テレビ／佐久間玲子（宮本信子）、岡野純平（田中実）、飯田雅彦（室田日出男）、松島秀明（上杉祥三）、菊地忠（蛍雪次郎）／1・4・5章
151. 『内海の輪』／松本清張原作／2001年放映／日本テレビ／江村宗三（中村雅俊）／1・2・5章
152. 『ウルトラマンコスモス　第34話　海神の怒り』／2002年放映／毎日放送／吉井ユカリ（堀江奈々）／4・5章
153. 『考古学者佐久間玲子（2）　邪馬台国の神の鏡が暴く朱塗り白骨の謎』／2002年放映／日本テレビ／佐久間玲子（宮本信子）、青柳恭一（小野寺昭）、梶井肇（寺田農）、岡野純平（田中実）、柴田直人（宮川一朗太）／1・4・5・7章
154. 『名探偵ポアロ　メソポタミア殺人事件』／アガサ・クリスティー原作／2002年放映／NHK／エリック・ライドナー（ロン・バーグラス）／4・5章
155. 『考古学者佐久間玲子（3）　金印とヒスイの涙』／2003年放映／日本テレビ／佐久間玲子（宮本信子）、工藤勝（マイク真木）、片野久雄（石原良純）／1・4・5章
156. 『TRICK 3　episode 2　瞬間移動の女』／2003年放映／テレビ朝日／西村博士（和田周）／4・5章
157. 『ケータイ刑事銭形泪　怪奇！よみがえったツタンカーメンのご近所さん！〜ミイラ男の呪い殺人事件〜』／2004年放映／TBS／平田教授、谷山助手／2・4・7章
158. 『ウルトラマンマックス　第11話　バラージの預言』／2005年放映／TBS／坂田裕一（タケ・ウケタ）、ヨシナガ教授（桜井浩子）／4章
159. 『ウルトラマンマックス　第19話　扉より来たるもの』／2005年放映／TBS／ヨシナガ教授（桜井浩子）、オザキ・タケル博士（森次晃嗣）／4章
160. 『新・科捜研の女2　file 8　15年前の鑑定ミス！？マリコの父が殺人犯』／2005年放映／テレビ朝日／榊伊知郎（小野武彦）、小山内公夫（小倉一郎）／7章

161. 『ケータイ刑事銭形雷　考古学者VS銭形雷　縄文人の変死体事件』／2006年放映／BS-i／貝塚博（斉藤暁）／4・7章
162. 『ボーンズ』／2006年から放映／TBS・テレビ朝日／ダニエル・グッドマン（ジョナサン・アダムス）／4・5・6章
163. 『轟轟戦隊ボウケンジャー　第29話　黄金の剣』／八手三郎原作／2006年放映／テレビ朝日／牧野森男（斎木しげる）、五十嵐半蔵（不破万作）／4章
164. 『古畑任三郎ファイナル　今、甦る死』／2006年放映／フジテレビ／天馬恭介（石坂浩二）／4章
165. 『浅見光彦シリーズ　箸墓幻想』／内田康夫原作／2007年放映／フジテレビ／小池拓郎（梅野泰靖）、平沢徹（青山勝）、広瀬達也（山田良隆）、丸岡孝郎（山崎一）、島田いづみ（筒井真理子）、長井明美（神戸みゆき）／1・4・7章
166. 『鹿男あをによし』／万城目学原作／2008年放映／フジテレビ／小治田史明（児玉清）／1・4・5章
167. 『古代少女ドグちゃん』／2009年放映／毎日放送／杉原謙三（上川隆也）／4・6章
168. 『ボーンキッカーズ』／2009年放映／AXN／ジリアン・マグワイルド（ジュリー・グレアム）、グレゴリー・パートン（ヒュー・ボネヴィル）、ダニエル・マスチフ（マイケル・マロニー）／4・5・6章
169. 『浅見光彦シリーズ　十三の冥府』／内田康夫原作／2010年放映／フジテレビ／本間信也（西田健）、北口善明（斎藤陽一郎）、三戸俊明（春日順一）、松田由美子（斉藤ナツ子）／4章
170. 『仮面ライダーW』／石ノ森章太郎原作／2010年放映／テレビ朝日／轟響子（平田祐香）、園咲琉兵衛（寺田農）／3・4章

アニメ作品
171. 『原始家族フリントストーン』／1960〜66年アメリカ放映／ABC／なし／7章
172. 『宇宙少年ソラン』／福本和也、宮腰義勝原作／1965〜67年放映／TBS／古月博士（声：桑山正一）／2・5章
173. 『マッハGOGOGO　第27・28話　呪いのクレオパトラ』／1967年放映／フジテレビ／スタンダード博士、カスタム助手／1・2章
174. 『はじめ人間ギャートルズ』／園山俊二原作／1974〜76年放映／TBS、日本教育テレビ／なし／7章
175. 『鋼鉄ジーグ』／永井豪原作／1975・76年放映／日本教育テレビ／司馬遷次郎（声：村瀬正彦）／1・2・5章
176. 『勇者ライディーン』／鈴木良武原作／1975・76年放映／日本教育テレビ／ひびき一郎（声：村越伊知郎）／1・2・5章
177. 『氷河戦士ガイスラッガー　第6話　明日香の巨大な謎』／石ノ森章太郎原作／

1977年放映／テレビ朝日／佐伯博士／2章
178. 『サイボーグ009　第5話　巨人よ眠れ伝説の中に』／石ノ森章太郎原作／1979年放映／テレビ朝日／ミルトン博士（矢田耕司）／2章
179. 『伝説巨神イデオン』／矢立肇・富野喜幸原作／富野喜幸総監督／1980・81年放映／テレビ東京／ユウキ・ロウル（声：池田勝）、フォルモッサ・ロダン（声：笹岡繁蔵）／1・5章
180. 『鉄腕アトム　第48話　人面岩』／手塚治虫原作／1981年放映／日本教育テレビ／アッチ博士（声：北村弘一）／2・5章
181. 『鉄腕アトム　第51話　スフィンクスの怒り』／手塚治虫原作／1981年放映／日本教育テレビ／先生／2章
182. 『魔境伝説アクロバンチ』／山本優原案／1982年放映／日本テレビ／蘭堂タツヤ（声：柴田秀勝）、トム・ドレイク（声：筈見純）、時田博士、カフラ博士、ラブネイ教授／2・5章
183. 『魔法のプリンセス　ミンキーモモ　第1作　第32話　大きすぎた訪問者』／1982・83年放映／テレビ東京／考古学者（声：堀内堅雄）、変身したミンキーモモ（声：小山芙美）／1・3章
184. 『巨神ゴーグ』／安彦良和原作・監督／1984年放映／テレビ東京／田神博士（声：千葉耕市）、DR. ウェイブ（声：山田俊司）／5章
185. 『悪魔島のプリンス　三つ目がとおる』／手塚治虫原作／1985年放映／日本テレビ／須武田博士（声：田中康郎）／1・2・5章
186. 『ルパン三世　バビロンの黄金伝説』（映画）／モンキー・パンチ原作／鈴木清順・吉田しげつぐ監督／1985年公開／東宝／タルティーニ（声：藤城裕士）／3章
187. 『禁断の黙示録　クリスタル・トライアングル』（OVA）／奥田誠治原作・監督／1987年発売／ソニービデオソフトウェア／神代耕一郎（声：津嘉山正種）／3・5章
188. 『エスパー魔美　第65話　ドキドキ土器』／藤子・F・不二雄原作／1988年放映／テレビ朝日／先生（声：二見忠男）／3・5章
189. 『となりのトトロ』（映画）／宮崎駿原作・監督／1988年公開／東宝／草壁タツオ（声：糸井重里）／1・3・5章
190. 『エクスプローラーウーマン・レイ』（OVA）／岡崎武士原作／1989年発売／東芝映像ソフト／杵築麗奈（声：土井美加）／1・3・5章
191. 『ドラえもん　のび太の日本誕生』（映画）／藤子・F・不二雄原作／芝山努監督／1989年公開／東宝／なし／6章
192. 『悪魔島のプリンス　三つ目がとおる』／手塚治虫原作／1990・91年放映／テレビ東京／犬持教授（声：嶋　俊介）／2・3章
193. 『魔法のプリンセス　ミンキーモモ　第2作』／1991・92年放映／日本テレビ／パパ（声：江原正士）／1・3・5章

194. 『大草原の小さな天使 ブッシュベイビー』／1992年放映／フジテレビ／クランクショウ博士（声：緒方賢一）／5章
195. 『モンタナ・ジョーンズ』／マルコ・バゴット、ジー・バゴット原作／1994・95年放映／NHK／アルフレッド・ジョーンズ（声：中尾隆聖）／3章
196. 『ルパン三世 ハリマオの財宝を追え!!』／モンキー・パンチ原作／1995年放映／日本テレビ／ダイアナ（声：岡本麻弥）／3章
197. 『はじめ人間ゴン』／園山俊二原作／1996年放映／NHK／なし／7章
198. 『キューティーハニーF』（映画）／永井豪原作／佐々木憲世監督／1997年公開／東映／ロベルト・シュタイナー（声：山寺宏一）／3章
199. 『こちら葛飾区亀有公園前派出所 第31話 忍者対インディ両津』／秋本治原作／1997年放映／フジテレビ／姫路秀三郎（声：岩城和男）／3章
200. 『タンタンの冒険 ファラオの葉巻』／エルジェ原作／1998年放映／NHK／フィルモン・サイクロン博士（声：茶風林）／2章
201. 『金田一少年の事件簿 第56〜59話 魔神遺跡殺人事件』／天樹征丸原案・金成陽三郎原作・さとうふみや作画／1998年放映／読売テレビ、日本テレビ／宗像志郎、国守秋比古（声：八木光生）、鳥辺野章（声：権ノ条勉）／3・5章
202. 『スプリガン』（映画）／たかしげ宙原作、皆川亮二作画／大友克洋監修／川崎博嗣監督／1998年公開／東宝／御神苗優（声：森久保祥太郎）／1・3章
203. 『遊☆戯☆王』／高橋和希原作／1998年放映／テレビ朝日／吉森教授（声：野島昭生）／3章
204. 『MASTERキートン』／浦沢直樹・勝鹿北星・長崎尚志原作、浦沢直樹作画／1998・99年放映／日本テレビ／平賀＝キートン・太一（声：井上倫宏）、ユーリー・スコット教授（声：堀勝之祐）、アンナ・プラマー博士（声：島本須美）、スティーブンス教授（声：佐藤正治）、アトキンズ教授（声：目黒光祐）、パウエル（声：田中秀幸）、高倉教授（声：勝部演之）、山本助手（声：草野裕）、コリンズ教授（声：野村昇史）、ハン助教授／1・3・5章
205. 『カードキャプターさくら』／CLAMP原作／1998〜2000年放映／NHK／木之元藤隆（声：田中秀幸）／1・3・5章
206. 『∀ガンダム』／富野由悠季総監督／1999・2000年放映／フジテレビ／シド・ムンザ（野島昭生）／2・5章
207. 『未来少年コナンⅡ タイガアドベンチャー』／坂巻貞彦原作／1999・2000年放映／TBS／ダイノ博士（声：高橋広樹）、モア教授（声：麦人）／1・3・5章
208. 『HUNTER×HUNTER』／冨樫義博原作／1999〜2001年放映／フジテレビ／サトツ（声：上別府仁資）／3・5章
209. 『ワンピース』／尾田栄一郎原作／1999年から放映／フジテレビ／ニコ・ロビン（声：山口由里子）、クローバー（声：北村弘一）／ニコ・オルビア（声：山口由里子）／1・3・4・5章

210. 『金田一少年の事件簿　第132〜135話　出雲神話殺人事件』／天樹征丸原案・金成陽三郎原作・さとうふみや作画／2000年放映／日本テレビ／白井虎太郎（声：緒方愛香）／4・5章
211. 『ポケットモンスター　結晶塔の帝王　ENTEI』（映画）／湯山邦彦監督／2000年公開／東宝／シュリー博士（声：竹中直人）、助手ジョン（声：薬丸裕英）／4章
212. 『ラブひな』／赤松健原作／2000年放映／テレビ東京／浦島景太郎（声：上田祐司）、瀬田記康（声：松本保典）／1・4・5章
213. 『遊☆戯☆王　デュエルモンスターズ』／高橋和希原作／2000〜2004年放映／テレビ東京／イシズ・イシュタール（声：島本須美）／4章
214. 『ドラえもん　のび太と翼の勇者たち』（映画）／藤子・F・不二雄原作／芝山努監督／2001年公開／東宝／ホウ博士（声：永井一郎）／1・4・5章
215. 『ポケットモンスター　ジョウト編（金銀編）　ゴルバットVSかめんのじょおうムサシ！いせきのたたかい！！』／2001年放映／テレビ東京／ナツキ（声：根谷美智子）／4章
216. 『サイボーグ009　完結編』／石ノ森章太郎原作／2002年放映／テレビ東京／篝矢教授（声：納谷六朗）、猿渡助教授（麻生智久）／2章
217. 『ラーゼフォン』／出渕裕原作／2002年放映／フジテレビ／六道翔吾（声：大塚周夫）／4・5章
218. 『D・N・ANGEL』／杉崎ゆきる原作／2003年放映／テレビ東京／丹羽小助（声：寺杣昌紀）／4章
219. 『ドラえもん　のび太とふしぎ風使い』（映画）／藤子・F・不二雄原作／芝山努監督／2003年公開／東宝／ストーム（声：屋良有作）／4章
220. 『ラーゼフォン　多元変奏曲』（映画）／出渕裕原作・総監督／2003年公開／松竹／六道翔吾（声：大塚周夫）／4章
221. 『ポケットモンスター　アドバンスジェネレーション　第76話　ヤジロンと霧の中の遺跡！』／2004年放映／テレビ東京／クルヨ（声：三石琴乃）／4章
222. 『名探偵ポアロとマープル　vol.3 エジプト墳墓の謎』／アガサ・クリスティー原作／2004年放映／NHK／ジョン・ウィラード卿、ポスエル博士、シュナイダー博士／2・5章
223. 『ワンピース　呪われた聖剣』（映画）／尾田栄一郎原作／竹之内和久監督／2004年公開／東映／ニコ・ロビン（声：山口由里子）／4章
224. 『舞-HiME』／小原正和監督／2004・2005年放映／テレビ東京／杉浦碧（声：田村ゆかり）／4・5章
225. 『ぱにぽにだっしゅ！　第9話　八歳の翁、百歳の童』／氷川へきる原作／2005年放映／テレビ東京／MIT考古学教授（声：長島雄一）／1章
226. 『ブラック・ジャック　Karte38　未知なる者への挑戦』／手塚治虫原作／2005年放映／読売テレビ／犬持博士（声：中庸助）／4章

227. 『超劇場版ケロロ軍曹』（映画）／吉崎観音原作／近藤信宏監督／2006年公開／角川映画／なし／6章
228. 『ふたりはプリキュア　Splash★Star』／東堂いづみ原作／2006・2007年放映／テレビ朝日／美翔可南子（声：日下由美）／3・4・5章
229. 『古墳ギャルのコフィー』／フロッグマン原作／2006・2009年放映／テレビ朝日／なし／6章
230. 『ポケットモンスター　ダイヤモンド＆パール』／2006〜2010年放映／テレビ東京／シロナ（声：櫻井智）、カラシナ（声：さとうあい）／4章
231. 『テイルズオブシンフォニア』（OVA）／外崎春雄監督／2007年制作／フロンティアワークス／リフィル・セイジ（声：冬馬由美）／4章
232. 『REIDEEN 第1話　蘇る伝説』／本郷みつる監督／2007・2010・2011年放映／WOWOW、TOKYO MX／才賀巧（声：堀川仁）／4章
233. 『魔人探偵脳噛ネウロ』／松井優征原作／2007・2008年放映／日本テレビ／鎌田教授（声：飯塚昭三）／4章
234. 『超劇場版ケロロ軍曹3　ケロロ対ケロロ　天空大決戦であります！』（映画）／吉崎観音原作／佐藤順一監督／2008年公開／角川映画／なし／4章
235. 『ケロロ軍曹5　216話　冬樹　日向家財宝伝説であります』／吉崎観音原作／2008年放映／テレビ東京／サガシテー星人（声：寺杣昌紀）／4章
236. 『ケロロ軍曹5　235話　冬樹と首長竜であります』／吉崎観音原作／2008年放映／テレビ東京／なし／7章
237. 『戦場のヴァルキュリア』／山本靖貴監督／2009年放映／TOKYO MX／ファルディオ・ランツァート（声：櫻井孝宏）／4章
238. 『レイトン教授と永遠の歌姫』（映画）／橋本昌和監督／2009年公開／東宝／エルシャール・レイトン（声：大泉洋）、シュレイダー博士（声：納谷六朗）／5章
239. 『ジョジョの奇妙な冒険』／荒木飛呂彦原作／2012・2013年放映／TOKYO MX／ジョナサン・ジョースター（声：興津和幸）／1章

おわりに

　本書で取り扱った「考古学とポピュラー・カルチャー」という研究テーマは、考古学と現代社会との関係を探る方法の一つとして位置づけることができる。従来のわが国の考古学界では遺跡保護、歴史教育、陵墓問題、考古学報道などが考古学と現代社会との接点として検討されてきた研究課題であったが、21世紀を迎えた頃から遺跡という貴重な文化資源をいかに活用していくかが、わが国の考古学界の大きな関心事となっており、その結果わが国では「観光考古学」や「パブリック・アーケオロジー」などの新たな考古学の研究分野が注目されるようになってきたことは7章で述べた。

　こうした中で私は「考古学とポピュラー・カルチャー」というテーマに興味をもったが、その契機となったのは近現代考古学に興味を持っていた15年ほど前に、近現代遺物の年代や使用状況を知る手がかりを得るため、戦前・戦後の娯楽映画やドキュメンタリー映画に登場する生活用具について調べていくうちに、偶然考古学者が登場する映画(『男はつらいよ　葛飾立志篇』)と出会い、そこでの考古学者の描かれ方に興味を持ったことである(もちろんこの作品は以前に見てはいたがその当時はまったく興味を示さなかった)。また、今回は映像娯楽作品、すなわち映画、テレビドラマ、そしてアニメをわが国のポピュラー・カルチャー(大衆文化)の代表として取り上げたが、これ以外にも小説、演劇、大衆芸能、ポピュラー音楽さらにはテレビゲームなどもポピュラー・カルチャー(大衆文化)を構成する分野とされている。このうち、考古学者が登場する小説については近年大津忠彦氏の論考(大津 2009・10)があり、下垣仁志氏も「フィクションの考古学者」の中で小説の登場人物について言及している(下垣 2010)。また、それ以前にもチャールズ・T・キーリ氏が

「日本人考古学者が主人公で、内容が日本の考古学に関係している推理小説」のリストをネット上で公開していた。私も考古学者が登場する小説作品をかなり収集したが、映画やアニメと比較して膨大な量があり、残念ながらそれらを整理して分析を加えるに至っていない。さらに、考古学者が登場するテレビゲーム作品についても当初収集を試みたがやはりあまりの数の多さと情報収集の難しさのため断念した。このように、考古学とポピュラー・カルチャーの関係を探るための題材はまだまだ残されているのである。

　私が考古学者の登場する映画やアニメ作品の調査・収集を本格的に始めたのは2005（平成17）年のことであるが、その後、2007（平成19）年から2011（平成23）年にかけて慶應義塾大学文学部の設置科目である「民族学考古学特殊講義　考古学と大衆文化」という講義で考古学者が登場する作品を一部鑑賞し、その描かれ方や実際の考古学者との違いを解説する講義を実施した。その講義を履修してくれた慶應の学生たちのレポートを通じて多くの作品情報を得ることができ、鑑賞した作品に対する感想文も毎回楽しく読ませてもらった。また、慶應以外にも都内の女子大や本務校である尚美学園大学で考古学の概説を担当しているが、その講義の中で授業に関連した映画やアニメ作品を流すことがある。その際に同じ作品に対する反応が大学によって異なることに気がついた。そのことは授業を履修している学生の興味や関心事、あるいは普段どのような映画やアニメを見ているかを考慮して作品を選択しないと授業の意図が伝わらないことを意味しており、映画やアニメを授業で使用することは案外難しいものだとも思った。それほどにポピュラー・カルチャーの影響は大きく、また繊細である。

　最後に、幼い頃から標準的なレベルで映画やアニメは見ていたものの、映画マニアでもアニメオタクでもない私が本研究を実践することを可能にしたのは、インターネットによる検索環境が整備されたことに負うところが大きいが（おそらく20年前であれば途中で断念した研究テーマであろう）、それだけでなく周囲の人々の励ましと協力がなければ本書を世に出すことはできなかった。

多くの作品情報を提供してくれた尚美学園大学のゼミ生である田崎智美さん・轡田唯さん、作品リストを作成してくれた渡邊宇明君に心から感謝申し上げる次第である。そして、膨大な量の出席カードやレポートの整理を手伝ってくれただけでなく映画・アニメ・小説・コミックなどのジャンルを問わず書店やインターネットで遺跡や考古学者が登場する作品を懸命に探してくれた妻由比子の存在なしには本書は成立しなかった。改めて妻に感謝の意を表したい。

   2013年12月31日

著　者

 脱稿後、WOWOWでテレビドラマ『地の塩』(井上由美子脚本)が放映された。殺人事件に旧石器時代遺跡捏造が絡む内容であるが、フィクションではあるものの主人公はNPO「オールドストーンラボ」所長の神村賢作(大泉洋)であり、脇役に文部科学省史料保存庁次長の沢渡善三(陣内孝則)、その師匠である日本考古学連盟名誉会長の桧山栄二郎(津嘉山正種)らが登場するなど実際の捏造事件を彷彿とさせるものであった。

考古学とポピュラー・カルチャー

著者略歴
櫻井準也（さくらい　じゅんや）
1958年　新潟県生まれ。
1988年　慶應義塾大学大学院文学研究科後期博士課程修了。慶應義塾大学文学部助教授を経て2007年より尚美学園大学総合政策学部教授。博士（史学）。

主要著作
『モノが語る日本の近現代生活』慶應義塾大学教養研究センター、2004年。『知覚と認知の考古学』雄山閣、2004年。『近現代考古学の射程』（編著）、六一書房、2005年。『ガラス瓶の考古学』六一書房、2006年。『近世・近現代考古学入門』（共著）慶應義塾大学出版会、2007年。『考古学が語る日本の近現代』（共著）同成社、2007年。『歴史に語られた遺跡・遺物—認識と利用の系譜—』慶應義塾大学出版会、2011年。

2014年9月30日発行

著　者　櫻井　準也
発行者　山脇　洋亮
印　刷　亜細亜印刷㈱
製　本　協栄製本㈱

発行所　東京都千代田区飯田橋4-4-8
　　　　（〒102-0072）東京中央ビル　㈱同成社
　　　　TEL 03-3239-1467　振替 00140-0-20618

©Sakurai Junya 2014. Printed in Japan
ISBN978-4-88621-678-6 C3020

===== 同成社の関連書籍 =====

入門 パブリック・アーケオロジー
松田　陽・岡村勝行著　　Ａ５判・192頁・1900円（2012年12月刊）
近年、世界で広がっている新しい考古学研究、パブリック・アーケオロジーについてその成り立ちや理論、目的を具体例とともに解説する国内初の入門書。世界の考古学者の実態調査等も収録。

実験 パブリック・アーケオロジー
――遺跡発掘と地域社会――
松田　陽著　　　　　　　Ａ５判・328頁・8000円（2014年10月刊）
イタリアはソンマ・ヴェスヴィアーナのアウグストゥス別荘遺跡における発掘調査をとりあげ、パブリックアーケオロジーの実験的方法論の実践を通して、考古学と地域社会との関係について多様な視点から究明する。

文化遺産と現代
土生田純之編　　　　　　Ａ５判・262頁・3200円（2009年6月刊）
考古学・社会学・歴史学や建築等の立場から気鋭の執筆者12人が、現代社会における文化遺産の果たす役割を再検証。各地の特色ある活用事例を紹介し、今後の展望を問う。

文化遺産と地域経済
澤村　明著　　　　　　　Ａ５判・162頁・2000円（2010年12月刊）
街並みや遺跡などの文化遺産が地域の経済にどのような影響をあたえているか、具体的な事例をもとに経済分析を試みた先駆的な書。

遺跡と観光［市民の考古学8］
澤村　明著　　　　　　　四六判・160頁・1600円（2011年5月刊）
近年関心が集まる遺跡と観光の関係を中心に、両者の望ましいマネジメントの在り方について、経済学の立場からわかりやすく提言する。

日本の世界文化遺産を歩く
藤本　強著　　　　　　　四六判・202頁・1800円（2010年12月刊）
世界遺産の成立や決定の要因を解説するとともに、日本の世界文化遺産の一つ一つを訪ね歩き、その歴史や現状を平易に紹介する。